未来を変える衝撃の力に
目覚める時代の到来

二つの真実

There are two truth.

船井幸雄

ビジネス社

まえがき

今日は二〇〇九年五月一日です。

いま、わくわくしながら、この原稿を書きはじめました。うれしくて仕方がないからです。

今朝は五時ごろから、今月末に徳間書店から出る予定の拙著『二〇〇九〜二〇一三　資本主義崩壊最終ラウンド』の序章の原稿、約二万八千字をお昼すぎまでに書き終りました。（著者注。同書は五月二一日から書店に並びました。）

午後三時すぎに、その原稿を出版社に渡し、ひと休みしてから、この「まえがき」の原稿執筆に入ったのです。

少し考えるところがありますので、今日は本書の「まえがき」だけを書き、本書の本文は、他の仕事との関係もあり、今月下旬から書きはじめることになると思います。

私は、今年二月中旬から、四月末まで、約二ヵ月半、やむをえない事情があり、「聖書の暗号」「日月神示」「中村天風さんの生き方」の研究に、余暇時間のすべてを投入しました。

その事情につきましては、本書内で説明いたします。

そのおかげで、いまの人間にとって、もっとも大事だと思える「二つの真実」を知りました。ここ一〇日くらいは体調が非常にわるかったのですが、「二つの真実」を知ったせいで気分的には「わくわく」していました。

私は長年、経営トップとして、また経営コンサルタントとして実業の第一線にいました。七六歳になった現在は、第一線を退きましたが、永年の習性で、冷静な生き方をする「超現実家」であり、「地に足のついている堅実な人間」であることは変りないと思います。どんなことも、客観的、論理的、体系的に考えるクセがついています。そして、自分で理解でき、納得でき、しかも第三者（常識的な人）を説得できると思えること、あるいは事実しか書いたり話したりはしない人間ですし、そのうえで「成功の確信を持てること」以外は、ふつうは行わないし、他人さまには奨めない特性を持っています。

このような特性を持っている私が、本書では、一見すると非常識と思えることを書きます。「二つの真実」と、それに付随することが、一見して非常識に当ることですが、ゆっくりと吟味してお読みください。決して非常識でないことがお分りいただけると思います。

そのために、この「まえがき」で、このような私の特性を、あえて書いたのです。


とりあえず、「二つの真実」の概要をここで簡単に説明いたします。

一つめの真実は、人類の歴史はもとより、われわれ個々人の生涯につきましても、生没の年月日を含めて、その九九・九％以上は何千年も前から決められていたと言っていいことです。

二つめの真実は、その決められていたことが、最近のことですが、案外簡単に改善できるようになった、よいほう、正しいほうに変えられる、その条件や手法が分った、と言ってもいいことなのです。


もちろん、いま、われわれの大半は、一つめの九九・九％以上決められたように生かされているもようです。とはいえ二つめの真実のように、改善可能になったと思えるのです。

それゆえ最近の私はうれしくて、毎日わくわくしているのです。実例が出てきています。

それとともに、この「二つめの真実」は、これからのわれわれにとりまして、知り、活用するべき「もっとも大事な真実」と言えると思うのです。

いま、熱海の山中のわが家は新緑に囲まれ、新緑が木々を染め、さらに人を染めていま
す。すばらしい息吹を人間にも与えてくれます。特に二つめの真実が、より元気の息吹を
くれていると思えます。

本書が読者や、われわれ人間の今後の歴史、個々の生き方にすばらしい希望の息吹を与
えてくれることを願いまして、本書の「まえがき」といたします。

なお、右記「二つの真実」から判断しまして、「いまの不況は回復不可能のもよう」と
いう結論を書いたのが、今朝、書きあげた今月末に徳間書店から出す予定の私の新著の序
章の内容です。お読みいただければご納得いただけると思います。多分、それを知ること
で未来への新しい希望をお持ちいただけるでしょう。できれば同書もご一読ください。

二〇〇九年五月一日夕方　熱海市西山町の自宅書斎で

船井幸雄

第一章　今生最大の「びっくり」は、今年になって「未来は決まっていた」という事実を知ったこと

第二章

今生最大の「喜び」は、決まっていたはずの未来が、最近「人々の意向で変更でき、未来はわれわれでよいほうに創れるようになった」という現実を知ったこと

第三章

なぜ未来は九九・九％以上も決められていたのか？ その未来が、なぜ人間によってよいほうに創れるようになったのか？

第四章

世の中はこれから急変する。われわれの生き方も大きく変らざるを得ないだろう

第五章

九九％以上の確率で、近々資本主義は崩壊するだろう。しかし第三次世界大戦はおこらないだろう

第六章

今後、正しく上手に生き、「よい世の中」を創るために

第一章

今生最大の「びっくり」は、今年になって「未来は決まっていた」という事実を知ったこと

私は「びっくり」が大好きです。なぜなら「びっくりしたこと」を解明すると、真実が分り、未来が分り、これからの対処法が分るからです。

私は今年になって、具体的には二月から四月の間に、今生、七六年余り生きてきまして、最大の「びっくり」を経験しました。本章では、まずその事実を紹介します。すばらしい「びっくり」でした。

びっくりが続出するのは「変革期」だから

今日は二〇〇九年五月二三日（土）です。今日から、本書の本文を書きはじめます。ところで、私はよくびっくりします。そのたびにノートに控えています。今週（五月一七日から二三日）も、二〇回くらいびっくりしました。たとえば、それらはつぎのようなことです。

（ここへ五月二九日に、私のホームページ『先週の「びっくり」より』に掲載予定の原稿一部を紹介します。私は『Funaiyukio.com』に週二回、定期的に記事を書いています。月曜日が『いま一番知らせたいこと』で、金曜日が『先週の「びっくり」より』です。まず、以下の引用文をお読みください。これらのホームページの記事も、本書では、一部改訂しながら最低限は引用します。ご了解ください。

＊

先週の「びっくり」より――「びっくりすることがおこりすぎること」にびっくり

二〇〇九年五月二九日　船井幸雄（ここでは大部分転載いたします）

最近、びっくりすることが続発するのにびっくりしています。

先週もいろいろありました。私の周りでも二〇件くらいありました。その一部を紹介します。株価が、しばらく前から安定、上昇気味であり、為替は一ドル九四円くらいより円高にならないようなので、新聞などが「景気は一応底を打ったようだ」と言い、多くの人が、それを信じたがるのに、まず「びっくり」しました。日経平均は一万円は回復しそうですが、経済の実態はますますわるくなっているのです。これについては六月一日のこのページに分りやすく説明します。

新型インフルエンザが、日本国内でも発生したようですし、拡がり出したことも「びっくり」です。日本のメガバンクは、博打会社（？）と見えるアメリカの投資会社にはお金を貸しますが、まじめなメーカーであり同系列の自動車会社にはお金を貸し渋り、日本政策投資銀行に同社の資金繰りを任せるようなことにもびっくりしました。まともには考えられないことです。

私個人についても、いろいろびっくりがありました。共著を出したこともあり、絶えずその言動に注目していた太田龍さんが五月一九日に急死しました。七八歳でした。

私が毎日、欠かさず見ていたホームページは、副島隆彦さん、中矢伸一さん、そして太田龍さんのものだっただけに、またよい論争相手だっただけに、ショックを受けました。勉強家でアタマのよい人でした。

またSYワークス(社長は佐藤芳直氏)に招かれ、仙台で同社の開催した謝恩セミナーで講演したのですが、「聖書の暗号は信用できる」という話をしたところ、二〇〇人余の聴衆が全員びっくりした顔になったのにびっくりしました。とともに、SYワークスの成長ぶりと、急速に立派になる佐藤芳直君(彼は船井総研にいた時から私の秘蔵児《ひぞうっこ》と言われた人)にも、びっくりしました。トップというのは人を成長させるようで、これからの佐藤社長と同社がたのしみです。

話は変わりますが、昨年来、私の体調を心をこめて管理(?)してくれている渡辺修一医師(熱海駅前の第一ビル三階でクリニックを開業)の名医ぶりにびっくりしました。先月末の私の左肺の不調が、わずか三週間で、ほとんど完全に回復しましたが、これは専門が耳鼻咽喉科である彼の私に対する心のこもった手当によるものです。明るいよい医師です。

もう一つ「びっくり」を紹介します。

それは五月九日に原稿を書き終えて徳間書店に渡した拙著『二〇〇九～二〇一三　資本主義崩壊最終ラウンド』が五月二二日に書店に並んでいたことです。全原稿を渡してからわずか二週間足らずで本になり、書店で売られるというスピードぶりに驚きました。見本というか著者献本分は、五月二〇日に私の手元に届いていました。

ともかく「びっくり」がこのように続出するのは、いまが「変革期」であることですから、決してわるいことではありませんが、私の周辺だけで一週間に二〇くらいも出てくるのには、やはり「びっくり」します。

なお、ここで先週届いた『森下自然医学六月号』に載った太田龍さんの多分、最後になると思える連載記事の文章を紹介します。博識だった彼らしい文章です。私の愛読ページでした。

・・・・・・・・

黄河文明が中国人を生んだ、と言われて居ます。これまでそのことは、疑う余地のない自明の事実だと言われてきました。

ところがおどろくべきことに、二、三〇年前から、中国に新しい考古学の流派が生まれてきました。

中国文明の全体は、長江（揚子江）と言ふのです。七、八千年前に、長江は、稲作にもとづく文明が生まれて居ました。

黄河文明は、二、三千年前、五、六千年前のあとの話しです。これは小さな問題ではない。

異星人進入の直前に、アフリカからアジアへ移住した人々は、北回りと、南回りと、この二つの方向から、アジアへと移住した。とすれば、長江文明を作った中国人の場合はどうなるか。

当然のことながら、これは、北回りでも、南回りでもあり得るのでせう。

揚子江の源流から来れば北回り、長江の最下流、上海から来れば南回りとなります。

そのように見てくると、中国では、北回りの黄色人種と南回りの黄色人種はどこで合流したのでせうか。

彼ら合流したのは、揚子江文明のどこかの地点、でなければならない。

中国人が、三国志記、三国志、に熱中するその程度は、容易なものではない。

そして中国人は、長江下流の杭州を熱愛する。

長江文明の後継者は、呉の国。

そして呉の国を滅ぼしたのは、蜀に依居した漢の継承者、劉備玄徳です。

今の四川省、更に雲南省。

にもかかわらず、中国人は、三国志において、圧倒的に呉に同情的です。

しかし、更にもっと重要な事実があります。

それは老子が、長江文明を代表する思想家であったと言ふことです。

黄河文明に代表する者は、四書五経。黄河文明を代表する聖人は、孔子、孟子、戦国時代の百家。

そして、漢帝国は、孔子の儒教を国家の教学としました。にもかかわらず、中国の大家は、老子を支持したのです。

老子って何でせう。

長江文明の精髄を表現して居ます。

北回りモンゴル人種と、南回りモンゴル人種の二つの系統は、老子において合流し、融合した、と、私には思えます。

つまり、長江の原点、ウラル、アルタイ、天山、チベット、新疆、大山脈から発する源の水、長江最下流の水、その水の流れのどこかの地点にあり、と言ふわけではない。

その流れ、そのもの、それが老子である。と言えるのではないでせうか。

老子は常に、有と無。一と、二と、三と。それを問題とします。

それでは、日本はモンゴル人種なのでせうか。それとも、モンゴル人種ではないのでせうか。

日本人は、今までそのことを、真剣に検証したことがあるのでせうか。これは疑問です。なぜなら、日本人のモンゴルについてのイメージが、分裂して居るからです。日本の歴史上、最大の事件は蒙古襲来だからです。

ところが、なんとまあ、日本の最も危険な敵である、総大将ジンギスカンは、源義経である、源義経はジンギスカンになった、などと言ふ説を、一部の日本人は熱狂的に支持して居ます。

つまり、はるか太古にさかのぼる、人類史上最も重要な人種としてのモンゴル人種と、約一千二、三〇〇年の間に、ユーラシア大陸の大部分を征服した騎馬民族のモンゴルと、日本人のイメージは、こんな風に分裂して居ます。

日本人の情緒性

ここに、日本人の民族性の大きな弱点、岡繁先生の言われる、情緒性が露呈して居ます。

日本人は、この問題を

①平家物語
②源平盛衰記
③太平記

といった物語にしてしまったのです。

その当時から今に到るまで、日本人一般大衆の人氣は、圧倒的に頼朝ではなくて、義経の側にあります。

江戸時代に、歌舞伎が出現して以降、勧進帳は、何回演出されて居るでせう。江戸時代から、戦後、現代まで合計すると、一千回を優に越えるのではないでせうか。

これは、私たち日本民族がまだ解決して居ない重要事項なのです。

平成二一年四月二四日記（転載ここまで）

＊

太田さんの旧かなづかいが、なつかしいですね。それはそれとして、「びっくり現象」は解明すると本当に参考になります。「真実」も「未来」も「対処法」も分ります。日本人の情緒性もぜひ解明してみましょう。私は太田さんの真実を追求する姿勢が大好きだったのです。
＝以上＝

なお、私がここに太田さんの文章を紹介したのは、老子のことが書いていたことも理由の一つです。私は幼少時よりなぜか老子が大好きで、老子に惹かれて生涯をすごしました。太田さんもそうでしたが、私の知友の副島隆彦さんは「老子と船井幸雄は一体のようだ」というような長文の論文を書いてくれています。だから本書は、そのように友人から見られている人間の書く本だということでお読みください。ではペンを進めます。

旧約聖書から出てきた不思議なメッセージ

去年（二〇〇八年）二月、私は中矢伸一さんとの共著『いま人に聞かせたい神さまの言葉』（二〇〇八年三月二一日、徳間書店刊）の原稿を執筆していました。

その時、徳間書店の担当者から「船井先生や中矢さんのことが〝聖書の暗号〟から出てきましたよ。先生は経営の専門家と出ていますし、中矢さんは、日月《ひふみ》神示を世の中に伝える人……となっています。これを解読したのは伊達巌さんです」と教えられたのです。

私は、その時まで『聖書の暗号』についても、伊達さんのことも、まったく知りませんでした。ともかく伊達さんが解読した資料の中の私と中矢さんに関するものの一部を同書のグラビアページに掲載しましたが、これは、かなりの反響がありました。

三〇〇〇年以上前に書かれた旧約聖書の中から、これらのことがメッセージとして出てきたということですから、本当にびっくりさせられました。何千年もの昔から、二一世紀のいま、私が「船井幸雄」として存在することや、生まれる年月日から、行うことまで決まっていた……というわけですから、まず「本当かな？」と思いました。しかし興味も出ました。

そこで一応調べました。その概要は、同書の五〇一ページから五〇二ページにかけてと、五〇九ページから五一七ページにわたって、要点だけは私なりに解説しておきました。

ともかく、「聖書の暗号のメッセージ」は肯定も否定もできないように思いましたが、それにのめりこむほどでもない……と一応の結論をつけて、アタマのどこかに残しておくくらいの存在としてとどめておきました。

とはいえ、私のホームページ上に、去年（二〇〇八年）の八月一一日付けで「この人いいよ」というページを活用して伊達さんを紹介しています。これからみて、かなり関心は持っていたのでしょう。そのままそれを転載しますので、ぜひお読みください。ここには前記著書中のグラビアページ掲載の二枚の図面ものせています。

旧約聖書には、人類のあらゆる情報が隠されている！？
ミステリアスな『聖書の暗号』を解読する日本人研究家を紹介！

伊達　巌さんの著書『NASAも隠しきれない異星文明の巨大証拠群』(徳間書店)

『聖書の暗号』というのをご存知でしょうか？『聖書の暗号』とは、旧約聖書の文を碁盤の目状に並べると、ある一定の間隔で、歴史上の著名人の名前や場所など、偶然ではあり得ないような意味のある言葉が浮かび上がってくるというものです。それを詳しく紹介した、著書『聖書の暗号』(マイケル・ドロズニン著　新潮社)が10年ほど前に世界中でベストセラーにもなりました。中矢伸一さんと船井幸雄の共著『いま人に聞かせたい神さまの言葉』(徳間書店刊)の中で伊達巌さんが解読した『聖書の暗号』について紹介しており、それについて船井は、「聖書には表面に書かれている以上に謎がある。

しかし、それを本当に解くことができるのは、聖書の民ではない、日本人ではないかと言われている。ユダヤ人は、バイブルコードを突き止めたが、ここから真実の謎をさらに突き止め、解いていくのは日本人ではないか。私はそんな気がします」と語っています。今回は、そんなミステリアスな「聖書の暗号」研究の日本での第一人者・伊達巌さんを紹介します(ご本人の御希望により、お顔は伏せさせていただきます)。

> プロフィール　●伊達　巌(だて　いわお)
>
> 「聖書の暗号」研究家。作家。プロフィールの詳細の公開は控えている。著書に『NASAも隠しきれない異星文明の巨大証拠群』とその続編の『NASA公認 火星の巨大UFO証拠写真』(どちらも徳間書店)がある。
>
> 『神の暗号』HP: http://www.246.ne.jp/~y-iwa/

―まず、マイケル・ドロズニン著の『聖書の暗号』(1997年)が世界でもベストセラーになりましたが、伊達さんが聖書に隠された暗号について研究し始めたのもその頃なのでしょうか？

『聖書の暗号』(マイケル・ドロズニン著　新潮社)

伊達：ええ、同じ頃ですね。『聖書の暗号』は、旧約聖書の全文を一字一句残らず碁盤の目状に並べると、ある一定の間隔で、歴史上の著名人の名前や場所など、偶然ではあり得ないような意味のある言葉が浮かび上がってくるというものです。

ニュートンやアインシュタイン、坂本龍馬など、歴史上で著名な人はもちろん、全人類のありとあらゆる情報がそこに含まれているのです。

また、重力の法則を発見したアイザック・ニュートン自身、聖書に暗号が隠されていると確信し、死の直前まで聖書の暗号を研究し続けていたようです。

―そうなんですか。ところで、旧約聖書がつくられたのはいまから3000年以上も前のことですよね。それなのに、近代や最近の情報までその中に含まれているというのも不思議ですね。暗号の解読はどのように行うのですか？

伊達：聖書に隠された暗号については、旧約聖書の全文をデータ化して検索できるソフトがあり、それにキーワードを入れて調べることができます。たとえば、「坂本龍馬」というキーワードが浮かび上がった近くに、龍馬が暗殺された事件の起こった年月日の1867年の12月10日や、場所である「近江屋」というワードが出てくるのです。

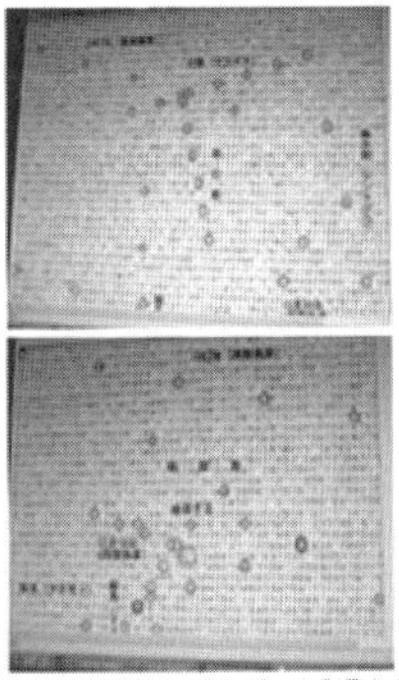

旧約聖書の中に浮かび上がった「坂本龍馬」という文字の近くに、事件の起こった日付けや場所が浮かび上がってくる。

—それは本当に不思議ですね。旧約聖書に日本の情報、しかもそれがつくられた時点からずっと先の事件の詳細が隠されているということですよね…。未来は決まっているということでしょうか。ところで旧約聖書はヘブライ語で書かれているんですよね。伊達さんはヘブライ語が読めるのでしょうか？

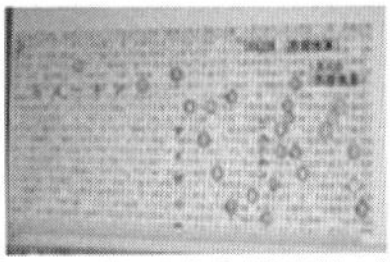

アイザック・ニュートンの名前が浮かび上がった近くに、生年月日を示す数字が浮かび上がってきました。

伊達：読むことはできます。ただし個人の姓名等の固有名詞は、ヘブライ語のインターネットのHPで確認しています。

その固有名詞がヘブライ語ではどういう表記になるのかなど、そこですぐに調べることができます。固有名詞には異なる表記方法が複数存在する場合があるためです。

たとえば「アインシュタイン」などの固有名詞のヘブライ語のスペルがどうなっているのか、調べるのが昔は大変だったのですが、そのサイトを使うとすぐに調べられます。だから、人名や場所、事件名のヘブライ語のスペルはすぐに分かりますね。

またたとえば、聖書の中に暗号として人名が浮かび上がってくると、その近くにその人の生年月日が隠されていたりするのです。たとえばアイザック・ニュートンという名前が浮かび上がると、ヘブライ暦でいうその生年月日の数字が隠されています。こういったケースが何件もあります。偶然でこれらの人名と生年月日たまたま近くに存在する可能性はおそらく1千万分の1以下でしょう。

結局、旧約聖書上には、著名人だけでなく、この世に存在する人一人ひとりの情報がすべて載っているんだと解釈できますね。

—ますます不思議ですね…。ところで、一つの事柄についてコンピュータで検索するのにどれくらいの時間がかかるのですか？

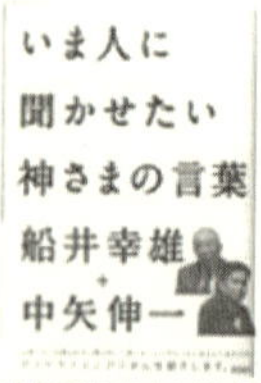

『いま人に聞かせたい神さまの言葉』（船井幸雄・中矢伸一著 徳間書店刊）

伊達：かなりかかりますね。といっても以前よりは改善されましたが。以前は、検索のコンピュータソフトが力不足だったり、コンピュータ自体も処理能力が低かったのでもっとかかっていました。最近では、3～5個のキーワードを検索するのにかかる時間は、3日～1週間くらいでしょうか。昼夜コンピュータをつけっぱなしにします。

—3日～1週間…。3～5個の検索するのに、改善されてもそんなにかかるんですか。それは大変な作業ですね。

伊達：ええ、だから検索にかかる間は別のパソコンを使って別のことをやっていますね（笑）。

—なるほど。ところで、著書『いま人に聞かせたい神さまの言葉』にもあったように、「船井幸雄」や「中矢伸一」という名前もあるんですよね。

伊達：はい。その名前が出てきた近くに生年月日や職業なども浮かび上がってきましたね。
　また、「日月神示」というキーワードで調べると、なんと、その近くに「フリーメーソン」という言葉が出てきました。

旧約聖書の中で浮かび上がった「船井幸雄」の名前の近くに、「経営コンサルタント」という職業や生年月日が浮かび上がっています。

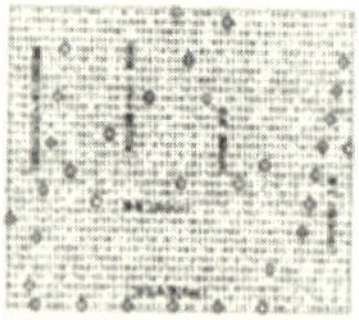

著書『いま人に聞かせたい神さまの言葉』より。旧約聖書の中で浮かび上がった「中矢伸一」の名前の近くには、「ひふみ」「神示」や、中矢氏の生年月日が浮かび上がっています。

—そうなんですか。「日月神示」の中の「イシヤ」は、フリーメーソンを意味していますからね…。

伊達：ええ、びっくりしましたね。「9・11」や「フリーメーソン」などのキーワードで検索してみても、驚くような言葉が浮かび上がってきています。今度本を出す予定があるのですが、その辺についても書く予定です。

—著書が発刊されましたら、私もぜひ読ませてもらいたいと思います。伊達さん、今日は興味深いお話を聞かせていただき、どうもありがとうございました。

暗号解読に取り組んだイスラエルの三人の科学者

ところで、今年の二月上旬のことです。あるＩＴ会社の社長のＩさんから、長文のお手紙と資料が私宛に送られてきたのです。もちろん私の知らない方からです。

私がそれらを読んだのは二月一〇日のことでした。その手紙によりますと、Ｉさんは、聖書の暗号の解読ソフトを開発中の人（いま何通りかの解読用のコンピュータソフトが開発されており、どのソフトで解読しても、ほぼ同じメッセージが出てくるようです）であり、また解読研究者であるということでした（いま世界で解読に当っている人は一〇〇人以上とのことです。また、私の知っている限り、Ｉさんの活用しているソフトは非常に優れているように思います）。

彼は、一月三一日に、解読中にふとしたことで「船井幸雄という人がいまの時代には重要（？）な人らしい」とメッセージ上から判断し、いろいろ調べたところ、「船井幸雄さんのことがメッセージとして何ヵ所からも出てきました」……というのでした。そういうわけで、今生の私の使命や私の過去生その他いろいろな解読結果を、お手紙と一緒に資料として送ってくれたのです。

自分のことが多く書かれているのですから、それらを読んで興味を持った私はそこでIさんと連絡をとり、二月中旬から私なりに「聖書の暗号」の研究を集中的にはじめるようになりました。そして、四月二〇日ごろには、私なりにほぼ結論を得たのです。

まず結論からいいますと、「聖書の暗号のメッセージ」はここ一〇年くらいは少し外れることも出てきましたが、原則的には九九・九%以上当っていたと考えざるを得ない……と、私は判断したのです。

もちろんIさんから、彼の解読結果などを含めていろいろ教えてもらいました。それだけではなく、伊達さんの解読結果も調べました。

コンピュータによる解読ソフトを九〇年代のはじめに、開発し、「聖書の暗号」のことを大々的に世界中に知らせた人と言っていいイスラエルの数学者であるヘブライ大学のエリヤフ・リップスさんの解読結果や、名著『聖書の暗号』(一九九七年、Shimon & Schusten刊、原題『THE BIBLE CODE』)の著者で、暗号解読者のマイケル・ドロズニンさんの解読結果、さらにインターネット上での何人かの解読者の解読結果も調べました。

また、一九九四年八月発行のアメリカの有名な数学学術誌『STATISTICAL SCIENCE』(Vol.9, No.3)の四二九～四三八ページに掲載されましたリップス博士など三人のイスラエルの学者の論文も読みました。

その三人とは、ヘブライ大学の数学者のエリヤフ・リップスさん、エルサレム工科大学のドロン・ウイッタムさん（物理学者）、エルサレム工科大学のヨアフ・ローゼンバーグさん（暗号学者）です。この三名の連名による論文の題名を日本語に訳すと『創世記における等距離文字列』となります。

いまのところ、この論文は、一人の学者からの反論も出ないだけではなく、世界各国の情報機関や軍が「聖書の暗号のメッセージ」を活用していると言っていいようです。多分、私が本書で書くことは、彼らはほとんど知っている可能性が高いと思います。

ところでこの論文は、つぎのような文章ではじまっています。マイケル・ドロズニン著、木原武一訳『聖書の暗号』（一九九七年、新潮社刊）にもその論文が引用・転載されていますので、ここでも掲載させていただきます。

創世記における等距離文字列

ドロン・ウィツタム、エリヤフ・リップス、ヨアフ・ローゼンバーグ

要旨。創世記を二次元配列に書いた場合、関連する意味を持った言葉を綴る等距離文字列がきわめて接近して出現することが記されている。このような現象を測定するための定量化法が開発されている。その結果が0.00002のレベルで有効であることを無作為化解析は示している。

1．序説

この論文で論じられている現象は最初にラビ・ヴァイスマンデル〔参照文献7〕によって発見された。彼はヘブライ語の五書（モーセの五書）のなかに、等距離文字列 equidistant letter sequences (ELS) という形式で表現された——つまり、テキストから同じ字数おきに選び出した文字によってつくられる——言葉あるいは語句で構成される興味あるパターンを発見した。

これはたいへん印象的なことではあったが、このような事象は、単にテキストのなかの等差数列を探し出すことによってつくることが可能な、言葉と表現の膨大な量の組合せによるものかどうかを決定する厳密な方法はなかった。ここに報告する研究の目的は、この現象を体系的に研究することである。その最終目標は、問題の現象が実在のものであるかどうか、つまり、偶然の組合せという論点で完全に説明可能か不可能かをあきらかにすることにある。

エリヤフ・リップスはエルサレムのヘブライ大学 (Givat Ram,Jerusalem 91904, Israel) 数学科准教授。ドロン・ウィツタムおよびヨアフ・ローゼンバーグはこの研究をエルサレム工科大学 (Havaad Haleumi St., P.O.B. 16031, Jerusalem 91160, Israel) で行った。

われわれがこの研究において採用したアプローチは次の例で示すことができる。われわれには理解できない外国語で書かれたテキストがあるとする。そのテキストに（その外国語で）意味があるのか、それとも意味がないのかを問われたとする。もちろん、われわれはその言語を理解できないので、そのどちらであるかを判断するのは非常にむずかしい。そこで、テキストのある一部分の言葉だけがわかるような、非常に不完全な辞書を与えられ、ここに「ハンマー」、そこに「椅子」、別の場所には「傘」という語があるのがわかったとしよう。さて、われわれは2つの可能性のどちらかを選ぶことができるだろうか。

まだできない。しかし、その不完全な辞書の助けをかりて、テキストのなかに、「ハンマー」と「鉄床《かなとこ》」のような概念的に関連する語の組合せを理解できたとする。われわれは、テキストにおいてそれらが「きわめて接近して」出現する傾向にあるかどうかを調べる。もし、テキストが無意味であれば、そのような傾向があらわれることは期待できない。なぜなら、そのようなことを想定する理由はないからである。次に、調査範囲を広げ、「椅子」と「テーブル」、あるいは、「雨」と「傘」のように、概念の関連する語のペアを見つけることとする。こうして、そのようなペアの例を集め、テキスト中に、それぞれのペアがきわめて接近して出現する傾向を調べる。もし、テキストが無意味であるとしたら、そのような傾向を想定する理由はない。しかし、そのようなペアがきわめて接近して出現する強い傾向は、テキストに意味があることを示す。

完全に意味のあるテキストにおいてさえ、われわれは、決定的に、すべてのそのようなペアがそのような傾向を示すとは想定していない。また、われわれはテキストの外国語をまだ解読していないこと、つまり、その構文を理解しておらず、テキストを読むことができないことにも注意を払わなくてはいけない。

これがこの論文に記された研究におけるわれわれのアプローチである。ある与えられたテキストのなかのELSに「隠された情報」が含まれているかどうかをテストするために、われわれはテキストを二次元配列に書き、普通の二次元ユークリッド空間における距離にしたがってELS間の距離を定義する。そして、ELSが示す概念的に関連する語が「きわめて接近」してあらわれる傾向にあるかどうかを調べる。

創世記（G）の様な、あるテキストを与えられたとする。等距離文字列（ELS）を、テキストにおいて、空白を数えないで、等差数列をなす文字列と定義する。つまり、文字は次のような位置に存在する。

$$n,\ n+d,\ n+2d,\ \cdots\cdots,\ n+(k-1)d.$$

dをスキップ、nを出発点、kをＥＬＳの長さとする。これらの３つの変数が１つのＥＬＳを決定し、それは（n，d，k）とあらわされる。

テキストを二次元配列として——つまり、一枚の大きな紙面に——、おそらく最後の行を除いて、同じ長さの行に書くこととする。通常、ＥＬＳはある直線上の点の集合としてあらわれる。例外のケースとしては、ＥＬＳが配列の垂直方向の一辺と「交差」して、対辺にふたたびあらわれる場合がある。このようなケースを処理するために、一行目の終わりを二行目の最初にくっつけ、二行目の終わりを三行目の最初にくっつけるというようにして、配列の垂直方向の両端がたがいにくっついているものと仮定してよい。こうして、テキストが一本の長い線として螺旋状に下降する円柱を得る。

このようなかたちで創世記を書き記すと、関連する意味をもった語を綴るELSがきわめて接近して出現することが知られている。図１には、פטיש（ハンマー）と סדן（鉄床）の例が、図２には、צדקיהו（ゼデキヤ）と מתניה（マッタニヤ）の例がある。マッタニヤはゼデキヤ王の前の名前である（列王紀下24章17節）。図３には、החנוכה（チャヌカ）と חשמונאי（ハスモネ家）の例がある。ハスモネ家はシリア人にたいする反乱を指揮した聖職者の一族で、その成功を祝うのがチャヌカ祭である。

たしかに、פטיש（ハンマー）と סדן（鉄床）のような短い語にたいするELSは、どのようなテキストにおいても、一般的な可能性という点からきわめてしばしばたがいに接近して出現することが予想されるかもしれない。しかし、創世記においては、きわめて「注目に値する」ELS、

図１

図2

図3

つまり、スキップ|d|がテキスト全体あるいはテキストの大部分において最小であるようなELSに限定すると、そのような現象は続発する。このように、פטיש（ハンマー）にたいして、創世記全体のなかで図1のそれよりも短いスキップのELSは存在しない。סדן（鉄床）にたいしては、Gの71%のテキストにおいて同様のものは存在しない。他の4つの語はG全体のテキストで最小である。これだけでは、このようなことが偶然によるものかどうかは不明である。そこで、われわれは、一般に是認されている統計学の原理にしたがって、このような現象の意義をテストする方法を開発する。比較すべき語を選定し、近接度を測定する方法を確立したのち、無作為化テストを行い、そして、非常に小さなp値、つまり、その結果を統計学的に高度の有効性をもつp値を得る。

今年（二〇〇九年）二月中旬から四月下旬にかけて、これらのことを詳細に検討した結果、私は「少なくとも何千年か前から一九九五年末までは九九・九％以上は世の中でおきた諸現象は『聖書の暗号のメッセージ』のとおりだ」と言ってもよい……と結論づけたのです。

それとともに、モーセが、モーセ五書を記した三〇〇〇余年前に、何千年も先までもの人間の歴史や、個々の人々の生涯までもが九九・九％以上決められていたようだと結論づけざるを得ないことも知り、本当にびっくりしました。

そして、この「びっくり」を解明しようと本気で思ったのです。とともに解明をはじめました。わずか二カ月半のことですが、本書は、その解明書も兼ねていますので、その旨、ご了承ください。

しかし、ここではまず、私が「聖書の暗号のメッセージ内容のことは九九・九％以上は、そのとおりにおきたようだし、人間の歴史や個々人の生涯も、三〇〇〇年以上前に現在までの諸現象の九九・九％以上決まっていた」と判断した主な理由から述べましょう。

（1）神の実在を証明した論文をだれも否定できない

一つめは、やはりイスラエルの三人の学者による『STATISTICAL SCIENCE』の一九九四年八月発刊誌に掲載された論文でした。

モーセ五書のヘブライ語原典の文字三〇万四八〇五字を、マトリックス状に並べ、等距離文字列法に基づいたコンピュータ・プログラムで調べると、彼らが任意で抽出した古来からのイスラエルの聖人三二人については、全員の生没年月日などが確実にメッセージとして出てきた……というのです。

一方、トルストイの『戦争と平和』のヘブライ語本で、同じことをやってみたが、一人も出てこなかった……と言います。何人もが検証したわけですから、疑いようがありません。

ともかく、その念入りな検証と分析を読むと、「神の実在を証明した」と言われるこの論文の「結論」を否定することは、だれにもできないと思います。もちろん私にもできません。

(2) 原爆投下、ケネディ暗殺、湾岸戦争などが予言され的中

二つめは、マイケル・ドロズニンの著書『THE BIBLE CODE』です。ここには「聖書の暗号からの多くのメッセージ」が、実例として記されています。

①一六八七年のニュートンによる万有引力理論の発見
②一九一五年のアインシュタインによる相対性理論の発見
③一九一七年のロシア革命
④一九二九年の世界大恐慌
⑤一九四五年の広島への原爆投下
⑥一九六三年のJ・F・ケネディ大統領の暗殺
などをはじめ、
⑦一九九一年の湾岸戦争
⑧一九九五年の阪神・淡路大震災
⑨一九九五年のイスラエル・ラビン首相の暗殺

など、見事なまでにメッセージとして、事実と同じことが出てくるのです。

ここで同書の訳者である木原武一さんが、同書の最後に書かれた「訳者あとがき」を紹介しておきます。東大文学部卒の冷静・博識な木原さんの文章を、ぜひご一読ください。私も木原さんとまったく同意見です。

*

本書は、Michael Drosnin“THE BIBLE CODE”の全訳である。著者のドロズニンは、『ワシントン・ポスト』および『ウォールストリート・ジャーナル』で新聞記者として活躍したことがあり、ほかに『市民ヒューズ』という著書がある。

著者は事実を正確に伝えることを旨とする新聞記者という立場から、聖書に秘められた暗号を次つぎとあきらかにしているが、それにしても、実に驚くべき内容である。この本を翻訳しながら訳者は、「はたしてこんなことがありうるのだろうか」と何度もつぶやいたものだった。おそらく同様の思いに襲われた読者の方も多いのではなかろうか。なにしろ、この本によると、約三千年前に書かれた聖書のなかに、人類の過去の歴史上の主要な出来事や最近の事件ばかりか、未来のことも、暗号として記されているというのである。聖書の暗号は人類の歴史を予言していたというわけである。

予言の書といえば、たとえばノストラダムスの予言がよく知られているが、本書を一読されればおわかりのように、聖書の暗号はそれとはだいぶ趣きを異にする。ノストラダムスの予言なるものは、さまざまな類推を加えながら、彼の書いた四行詩を特定の歴史的事実に結びつけることによって導き出されていて、牽強付会の感をともないがちである。これにたいして、本書に付されている暗号表をご覧いただければおわかりのように、聖書の暗号は、歴史の事実と直結した具体的な出来事や人名、日付などが明記されているところに説得力がある。

その暗号の仕組みについては第一章に詳しく解説されているが、要約すると次のようになる。暗号解読の対象となるのは、主として旧約聖書の最初の五書（創世記、出エジプト記、レビ記、民数記、申命記）で、これらはヘブライ語で書かれ、全体で三十万四千八百五字からなる。この約三十万の文字を一列にならべ、ある同じ字数ごとに文字を拾い出していくと、人名や日付やメッセージなどがつくられる。たとえば、一九四五字おきにたどると、なんと、「ヒロシマ」という言葉がつくられるという。言うまでもなく、一九四五は、広島に原爆が投下された年である。

このような暗号解読法を「等距離文字列法」と言うが、この方法のユニークなところは、等間隔で文字を拾い出すだけでなく、約三十万の文字を一行二千字なら二千字でならべかえると、ある人名やメッセージに関連する情報がその近くにあらわれるところにある。聖書の暗号がどのようなものかは、本文中の暗号表をご覧になれば一目瞭然であろう。このような事実に合致したメッセージがあらわれるのはけっして偶然ではありえないことを数学的に証明したのが、「付録」の論文である。聖書の暗号の存在を証明するこの論文はアメリカの数学専門誌に一九九四年に発表されたが、いままでのところこれにたいする反論は出されていないという。アメリカ国防総省の暗号解読官も、聖書の暗号の存在を確認していることが本書に記されている。

物理学者のニュートンが聖書の暗号を研究していたことはよく知られているが、約三十万字という量の大きさと仕組みの複雑さから見て、その解読はコンピュータの出現なくしては不可能である。著者は、聖書そのものがひとつのコンピュータ・プログラムであると言っているが、このコンピュータ・プログラムがあきらかにするメッセージあるいは予言にはだれもがびっくりするにちがいない。たとえば、ケネディ暗殺（ダラスという地名と犯人のオズワルドの名もある）、湾岸戦争（イラクがイスラエルにミサイルを発射した日付も明記されている）、イスラエルのラビン首相の暗殺（暗殺の一年前に著者がその暗号を発見し、そのことを首相に伝えたことが詳しく述べられている）、ソ連邦の解体と共産主義の没落（中国の崩壊も予言されている）などなど。日本関係では、「神戸、日本」が「火災、地震」、「大型」、「一九九五年」とともに暗号に記され、オウム真理教の事件まで記されている。

歴史上の人物の名前も、その業績などとともに暗号に記されている。たとえば、シェイクスピアは『マクベス』と『ハムレット』とともに、エジソンは電気と白熱電球とともに、ニュートンは重力とともに、ベートーヴェンやバッハはドイツの作曲家として、レンブラントはオランダの画家として。

未来については、たとえば、二〇〇〇年から二〇〇六年に日本は大地震に襲われ、経済的崩壊に見舞われるであろうという予言がある。未来の予言として著者がもっとも関心を寄せているのは、第三次世界戦争勃発の可能性である。著者は第三次世界戦争の危機が聖書の暗号に暗示されていることを指摘する一方で、それが阻止される可能性も暗号に記されていると述べる。聖書の暗号に予言されている未来は、確定された未来ではなく、可能な未来のひとつであって、聖書の暗号を人類にたいする警告として受け取りたいというのが著者の立場である。著者は再三「ハルマゲドン」や「黙示録的大惨事」に触れているが、いたずらに危機感を煽るのがその意図ではない。聖書の暗号に示された予言をひとつの事実として伝え、これにたいする人類の対応を考えようというのが著者の本意である。二十世紀の終わりにこのような本が出版されたことは、なにか象徴的にさえ思われる。

＊

（3）その他の実例の検証

日本の例を挙げますと、①一八六七年一二月一〇日（慶応三年一一月一五日）の坂本龍馬の暗殺では、「近江屋」という場所と「中岡慎太郎」という仲間の名前が、ともにメッセージとして出てきます。

②一九四一年のパールハーバーへの攻撃についても、ルーズベルト大統領や山本五十六さんなどの名前が出てきますし、③一九九五年三月二〇日の地下鉄サリン事件では「オウム」や「サリン」、そして「林郁夫」という実行犯の名前などが出てきます。

一方、一九九六年以降は、一九九六年七月二五日のイスラエルのネタニヤフ首相の暗殺予言のように、当らないことも出てきたと思えるのですが、④二〇〇一年九月一一日のアメリカ同時テロ、⑤日本における小泉首相の登場、⑥二〇〇四年の中越地震、⑦鈴木宗男さんや植草一秀さんの逮捕事件、⑧二〇〇八年の秋葉原無差別殺人事件なども、メッセージ上に出てきます。

これらから、いまもなお「聖書の暗号のメッセージ」は決して無視できないと言えそうです。九〇数％以上の確率で、現在も実現しているように思われます。

やはり、この「聖書の暗号」からのメッセージそのものは「当る確率が圧倒的に高い」ということで、肯定せざるを得ないと思います。

(4) 私（船井幸雄）についてのメッセージの検証

私（船井幸雄）につきましては、伊達厳さんやIさんから、かなりのメッセージをもらいました。

また、彼ら以外からのメッセージも検証しました。それは一〇〇項目以上あります。その大半はIさんから教えてもらったものですが、一九九五年末までのことについては否定できるものが出てこないのです。というより、肯定できることが一〇〇％と言えそうなのです。否定できることが、いまのところないのです。

もちろん、過去生のこと、今生の使命、いろんな人たちと私との関係や、お互いの役割などは、厳密に言えば、私にははっきりとは分りません。

しかし、多分まちがいないと思えるのでは、と言えることがほとんどで、否定できる材料は、かなり客観的に調べましたが、出てこないのです。

それだけでなく、私の二〇〇七年三月からの病気（※）について、理由、治し方、治る時期などが、克明にメッセージとして出て来ました。これについては、まだ正しいか否かは検証できませんが、それぞれについては思い当ることばかりです。ある意味ではびっくりして納得しはじめています。

※（超健康で病気知らずだった私は、二〇〇七年三月一二日から体調を崩しました。いまだによくなりません。左半身につぎつぎと病気が発生し、二〇〇八年六～七月と今年（二〇〇九年）二～四月は、非常に苦しみました。病気の原因がはっきりしないのですが、「聖書の暗号のメッセージ」のおかげで、近々全快しそうな予感がしています）

（5）今後、地球がどうなるかを検証

今月（二〇〇九年五月）末が発行日ですが、すでに五月二二日から書店に並んでいる拙著『二〇〇九～二〇一三　資本主義崩壊最終ラウンド』の序章、ならびに第三章で、「聖書の暗号」を正しいと判断するほうがよい理由を、かなり詳しく書きました。

同書二七ページから三二ページに、おおむね、つぎのように書きました。「聖書の暗号」

は、はっきり「二〇〇九年から本格化する経済ハルマゲドンは大不況をつくる」というメッセージを送っているのです。

*

（中略）

そして私が「聖書の暗号」は正しいと考える決め手になったのが、日本人のIT（情報技術）会社社長で、Iさんという人です。

このIさんは、いま「聖書の暗号」の解読ソフトをほとんどつくり上げた人であるだけでなく、十年来の「聖書の暗号」の研究者、解読者です。彼をはじめて知った二〇〇九年二月中旬以降、ほとんど毎日、話し合い、レポートをもらい、時には激論もして、彼の意見を教えてもらいました。

Iさんは、二〇〇九年二月から、私にレポートを送ってくれています。

彼からのレポートはすでに本一冊分くらいあって、彼はそれらを中心に二〇〇九年八月～九月ごろまでに、彼の研究結果を一冊の著書にまとめて出版したいと言っています。

まじめな研究者で、彼がいま開発中のソフトは、たぶんこれまでの解読ソフトのなかでベストに近いものになると思われます。このソフトさえあれば、各自がパソコンで、自分のことはもとより、興味のあることを簡単に調べることができると思えます。

とりあえず、まずIさんから二月にもらった手紙の一部を、ほとんどそのまま紹介します。

（前文略）

これから、地球と地球人がどうなるかをまとめてみました。

現在の私たちの文明は、前文明の失敗を超えて発展するために、文明の進展する方向が定められているように感じています。前文明の失敗内容と、その後の方向づけを知ることで、これから地球と地球人がどうなるかを考えてみます。

以前の世界には一つの重要な側面がありました。闇の存在です。もう少し研究しないとはっきりしませんが、この世界は闇の存在を利用して人々の精神の成長を加速するシステムをつくっていた可能性があるように感じます。善と悪に反応する強い感情がこの世界の特徴を際立たせ、精神の成長を促すようになっていた気がします。

（「聖書の暗号」によりますと）いま、闇の勢力の本体はこの領域を去り、残滓を片付けることが未来の素晴らしい世界につながるとされています。残滓が消えると、悪を利用する必要がなくなり、いまの価値観からは素晴らしく平和な世界が訪れることになると思います。その価値観に慣れると、遠い未来でしょうが、人々はまた成長を求めて新たな世界をつくり出すことになるように思えます。……と。

（以下略）

私は、〝闇の存在〟という言葉がいいかどうかは別として、この手紙でIさんが教えてくれたことが、自分の知識や体験上からも「正しいようだ」と実によく分るのです。

ともかく、聖書の暗号にあるようにIさんの言う〝闇の存在〟の本体が地球域から去ったのは、まちがいないようです。その時期は、ヘブライ暦の五七五六年（西暦でいえば一九九五年九月〜一九九六年九月）ではないかと私は思っています。

いずれにしても、何万年以上も地球と地球人を支配していた存在（Iさんの言葉では〝闇の勢力の本体〟）は、間違いなく地球から去っていったのです。このことは実感として分ります。

そして、このことが「聖書の暗号」のポイントだと私は思うのです。

「旧約聖書」のモーセ五書にコンピュータ・ソフトで暗号を組み込んだ五次元存在は、地球人にその事実を知らせたくて、三千数百年も前に、モーセに彼らの意にしたがったモーセ五書をつくらせたのだと思います。

モーセ五書は、つぎのような意味をこめてつくられたにちがいないと思われるのです。

西暦二〇〇〇年前後に、ネガティブ型、エゴ型を至上とする支配層たち（Iさんのいう〝闇の勢力〟）が地球から去りますよ。だから、地球人たちは、それまでに培ったよいものは残し、宇宙の中心原理である本来の「天の理」にしたがい、よい社会をつくってください。安心して、正しくよい社会をつくるために、この聖書の暗号を皆さんにプレゼントします。ぜひ上手に活用してくださいね。……と。

＊

本書の出だしはこのくらいにしましょう。このような検証を経て、私は「聖書の暗号のメッセージ」をとりあえず信じることにしたのです。

それでは、第二章にペンを進めます。

第二章

今生最大の「喜び」は、決まっていたはずの未来が、最近「人々の意向で変更でき、未来はわれわれでよいほうに創れるようになった」という現実を知ったこと

二〇代の終りに身近な肉親を相ついで亡くした私は、三〇歳くらいから「あの世」とか「死後の世界」の勉強をはじめました。

「世の中の構造やルール」と「人間のあり方」の勉強をはじめたのです。

その種の本や資料は多くありますが、私を惹きつけてやまなかったのは、スウェーデンボルグとエドガー・ケイシーでした。他はあまり心を打たなかったのです。このお二人からは、本物の情報をもらったと思います。

最近になって「日月神示」を知り、惹きつけられるものが三つになりました。

これらが教えてくれたものは「人間の想いは万能である」ということ、「すべてはよいほうに進むし、われわれは未来を創ることができる」ということでした。

大半の人は「決められた」とおりに「生かされて」いる

エドガー・ケイシーは言っています。「未来は決まっていない。未来はわれわれが創れるのです」と。

三〇歳くらいから、私はこのことを信じてきました。

だから第一章で述べたように、「人類の歴史や個々人の生涯は九九・九％以上も決まっており、われわれは、その決められたとおりに生かされていると言ってもいいのだ」と考えざるを得ない「聖書の暗号のメッセージ」は、私にとっては大きなショックであり、「最大のびっくり」だったのです。

しかし、今年（二〇〇九年）の三月からは、「やはり、われわれの未来は、われわれで創れるようだ。一九九五年くらいまでの何千年か何万年かは、九九・九％以上は決まっていたかも知れないが、いまでは、そうではなくなった。自由にすばらしい未来を創れる時代になったんだ」と思いはじめました。

検証しますと、われわれは、ほとんど決められたとおりにしか生きられなかったようですし、いまも大半の人は、決められたとおりに生かされているように思います。

それだけに、これを知ったのはつい最近のことですが、マクロに言えば私にとって、「今生最大の喜び」と言っていいと思います。それだけでなく人類にとりましても、こんなにすばらしいことはないと思います。

しかも、変える方向は、正しく生成発展するほう、いわゆる正しいほう、よいほうに変えられる……と考えていいようですから、これ以上の喜びはありません。

世の中でおこることは、暗号にメッセージとして出ている

そのことを、事実で説明いたしましょう。

第一章で述べましたように、一九九六年以降は「聖書の暗号のメッセージ」が、時々当らなくなりました。

マイケル・ドロズニン著『聖書の暗号』に明示されていますように、一九九六年七月二五日、イスラエルのネタニヤフ首相はヨルダンに旅行した折に暗殺されると、はっきりとメッセージに出ていました(これをメッセージ上で見つけたのは、マイケル・ドロズニンさん自身で、これについては彼の著書『THE BIBLE CODE』に、実に詳しく書かれています)。

しかし、ネタニヤフさんは一九九六年七月二五日、ヨルダンには行かず、翌八月五日に同国を訪問。結果として難を逃れました。もちろん、ネタニヤフさんは間接的にドロズニンさんから注意を受けていました。とはいえ、予言は見事に外れたのです。

当らないメッセージにつきましては、第一章に転載した木原武一さんの文章にある「二〇〇〇年から二〇〇六年に日本は大地震に襲われ経済的崩壊するという予言がある」とい

う「聖書の暗号のメッセージ」もその一つですし、二〇〇八年九月一三日から一五日の、日本や中国の大地震についても同様です。

その他、いろいろあります。

しかし、第一章で述べたように、二〇〇一年九月一一日のテロや二〇〇四年の中越沖地震、二〇〇八年の秋葉原無差別殺人事件などは、メッセージのとおりになっています。


これにつきまして、私に、メッセージのことを非常に多く教えてくれたIさんは、「二〇三〇年以降は別にして、いまのところ聖書の暗号は正しく当るといえそうです。外れたと思えるのは解読がまちがっていたからのようで、私は少なくとも二〇一五年までは、正しく当るのではと思っています」と言っています。

事実、いま世の中でおこることは、暗号にメッセージとして、九九％以上は出ているとも言えます。いまの私の病気である口内の異常まではっきりと出ているのですから、疑う余地はあまりなさそうです。

いまの世界的な経済崩壊につきましても、デリバティブ（金融派生商品）やCDS（クレジット・デフォルト・スワップ）という言葉まで出てきますから、何をかいわんやです。

もちろん、地球温暖化についても出てきます。

（ちなみにIさんは、彼が知った「聖書の暗号」について、一冊か二冊の著書にまとめて発表する予定で、いま執筆に入ったということです。二〇〇九年八月か九月ごろに出版社から発刊したい……と話していました。ただし本名ではなく、イオン・アルゲインというペンネームで出したいとのことです。したがいまして、これらにつきましては、彼のこの著書でお読みください）

本題に戻ります。

第一章で「未来は何千年も前から九九・九％以上決められていた」と言っていいようだ……と述べました。その未来が、「なぜ人々の意向により変更でき、創れるようになった」と私が結論づけたかを、主要な点だけ、これから説明したいと思います。

（1）ランドール博士が説く「多次元世界論」

一つめは、「聖書の暗号」が、なぜ旧約聖書のモーセ五書という形で、世の中に送り出されたのかが、分ってきたことです。これについては前述しましたが、Iさんが自著で詳しく説明すると思いますので、同書をぜひお読みください。

最近、理論物理学者のリサ・ランドールさんが注目されています。

彼女のことは、拙著『二〇〇九〜二〇一三　資本主義崩壊最終ラウンド』内で、以下のように紹介しています。

＊

ハーバード大学に、リサ・ランドール博士という理論物理学の教授がいます。プリンストン大学、マサチューセッツ工科大学、そしてハーバード大学でそれぞれ終身在職権を持つはじめての女性教授で、二〇〇七年には米『タイム』誌で「世界でもっとも影響力のある一〇〇人」に選ばれた、とても優秀な研究者です。

ランドール博士は、私たちが存在する三次元が、五次元世界に組み込まれているという仮説を発表して注目されています。

三次元世界は、縦、横、高さで構成されていますが。それに時間と〝五次元方向への距離〟がある世界が、五次元世界だというのです。これに関して書かれたランドール博士の論文は、物理学の世界でもっとも多く引用されているようです。

そして、高い次元の世界から見ると、私たち三次元世界の存在は「ブレーン（膜）」にぴったりと貼りついているように感じられるそうです。

そのブレーンは別の表現をすると、バスルームのシャワーカーテンのようなものだと、ランドール博士は言います。私たちはカーテンについた水滴のようなもので、カーテンの上を移動できるが、外の空間に飛び出すことはできないというのです。

さらに三次元世界について、ランドール博士はスライスされたパンのようだとも表現します。高次元の世界から見ると、多数の三次元世界が並んで併存している可能性があるというのです。

ランドール博士の五次元理論を確認する国際的な実験も、欧州合同素粒子原子核研究機構で二〇〇八年九月から始まっています。興味のある人は、ランドール博士の著書『ワープする宇宙』(向山信治・塩原通緒翻訳、二〇〇七年六月、日本放送出版協会刊)、宇宙飛行士・若田光一さんとの対談『リサ・ランドール——異次元は存在する』(二〇〇七年五月、日本放送出版協会刊)を参照してください。

また、二〇〇八年のノーベル物理学賞は日本人が三人、同時受賞して話題になりましたが、そのうち高エネルギー加速器研究機構名誉教授の小林誠博士、京都産業大学理学部教授・京都大学名誉教授の益川敏英博士が受賞した「CP対称性の破れ」に関する理論も、私たちが存在する三次元世界とは別の世界がすぐ隣にあることを証明した、ともいえる研究です。

＊

たしかに、「なるほど」と思います。

宇宙が誕生したときには、物質と反物質が同じだけあったはずなのですが、反物質がなくなって、宇宙に物質が残ったというのです。反物質は私たちがいる三次元世界から飛び出したということですから、いずれこのアプローチでも、別の世界の存在が証明されるでしょう。

パラレル・ワールドは、物理学的にもあり得る考え方なのです。

このように考えていきますと、UFOが突如現われて、突然消えるとか、「アルザル」という名の地底の別世界があるなどということも肯定できます。

つまり五次元世界から見ると、三次元世界の過去も未来も、お見とおしのようです。「聖書の暗号」が、そちらからの情報であり、しかも二一世紀のはじめのできごとを、人類に教えようとしたものだと考えると、二〇世紀末から二一世紀に入って、だんだんと当らなくなったり、変更し得るようになったということが、分るように思います。

事実、それに呼応するように、一九九六年から当らないことが出はじめた……と私はまず考えてみたのです。

そうしますと、第一章で述べたIさんの解読結果である「闇の勢力の本体が地球域から去った」というのが、つながって考えられてきたわけなのです。

やはりこのことが重要なポイントだと、私には思えます。

(2) 驚くべきエネルギーの数々

つぎは、十余年前からですが、それまでの常識では考えられないようなことが、続出しておこりはじめました。私が知っているだけでも何十件かありますが、ここでは多くの人が認めているということで、三つのことを紹介します(もちろん再現性もあります)。

① 驚異の生体エネルギー

ちょっと不思議なエネルギーの話をします。

長野県に生体エネルギー研究所(FAX ○二六八・六四・一六三五)という研究機関があります。この研究所の代表者は、一九四一年生れの佐藤政二さんです。私はここ十余年、この佐藤さんに「びっくり」させられつづけてきました。

十余年前、彼はナスの木(?)にトマトを実らせ、トマトの木(?)にナスを実らせました。ついで、ナスやトマトのような一年草を、三年も四年も生きつづけ、実が成りつづける多年草に変えて見せました。

それらはすべて、彼が自由に活用する「生体エネルギー」なるものを植物に操作してのことなのです。

この生体エネルギーは、彼だけでなく、彼のお弟子さんと言っていい何千人かの企業経営者や農家、個人経営者などが、みんな使いこなしますし、同じような効果をあげています。白いニンジンを創ったり赤い大根を創るなどは序の口で、青酸カリを無害にしてみたり、玄米一〇〇%の米で酒を造ったりと、常識外れのことが、彼の周辺では日常のようにおきているのです。

しかも、すばらしいのは、この生体エネルギーを活用した農作物などは、すべて本物化し、食べるものなら味もよいし、健康にもよいことなのです。

その辺の仕組みや理論を完全に理解するためには、佐藤さんによりますと、ふつうの人では数千時間ものいろんな勉強が必要ということです。これは大変なので、私が中心になって発刊していますニ冊の月刊誌に、彼の考えを載せることにしました。一冊は船井メディアから出ている月刊『ザ・フナイ』です。同誌の二〇〇八年新年号に「想造量子宇宙論――初生の量子は想造である」という長い論文を、佐藤さんに執筆してもらいました。

冒頭ではトマトナスや白人参について、写真とともにつぎのように書かれています。
びっくりしながら彼の文章をしばらくお読みください。

＊

〝トマトナス〟と〝白人参〟

写真1には、トマトのような形をしたナスが実っています。このナスの切断面はまるでトマトのようです。そして写真2は、葉は人参なのに根部はまるで薬用人参のような形をした白い人参です。

この不思議な野菜は私たちが日常使っている「言葉」によって変化したものです。言葉によって色や形が変わるという実例は、すでに多くの人によって確認されています。

写真1の場合はナスというプログラムをトマトのプログラムに変換し翻訳したものであり、写真2の場合は朱色であるというプログラムを白色であるというプログラムに変換し翻訳したものなのです。これらは、ナスや人参のすべての情報を持っている種子に別の情報を与えた結果です。

つまり情報を与える対象が、分子や原子にまで遡《さかのぼ》れば可能性はもっと広がっていくのです。ここで留意いただきたい点は、この実験は特別なものを作るために行ったのではなく

写真１　トマトナス

写真２　白人参

「初生の量子は想造である」と考える想造量子宇宙論の裏付けとするためのものです。

●連作障害の克服から

さて、農業者である私には作物を栽培する上で不可解に思うことがありました。それは、同じ土地に同じ作物を作り続けると、年々品質は下がり収量も低下するということです。その作物が必要とするものを補っているのにもかかわらず、悪くなっていくのです。

これがいわゆる連作障害の始まりです。

この障害は数年土壌を休ませることで解決しますが、ふたたび栽培することができるようになるということは、そこには何らかの力が働いていると考えられます。私はその目に見えない力（存在）について農業実践を通して追究しました。その結果、多くのことが解ってきました。

そしてこの追究が、生体エネルギーの発見につながったのです。

生体エネルギーを発見する前の私は、作物を栽培するために土壌の物理性、化学性、微生物性や塩基バランス等、目に見える部分にのみ力を注ぎ、目に見えない部分である土壌本来の力については、常に奪い続けていたということです。土壌は休耕という休息を得ることで力を取り戻します。それは、私たちが疲れた身体を休ませることで元気になることにも似ています。

しかし、農作物の安定生産を考えると、休耕ではなく、土壌診断に基づき、生体エネルギーの準拠位置（略して準位ともいいます）にも目を向けた適切な処方が必要となります。生体エネルギーを視野に入れると、農業の連作障害のみならず、今つみあがっている多くの問題の解決の糸口が見えてきます。農業の土台である土壌には、動物、植物、鉱物とあらゆるものが共存しています。生体エネルギーは、生きた存在が持つエネルギーです。つまり生体エネルギーが高ければ高いほど、植物や動物、鉱物までもが、本来の力、遺伝子的に持っている力を保つことができ、その力を最大限に発揮できると考えられるからです。生体エネルギーは、農業だけでなく、すべての産業に応用、活用が可能であるということです。

●「自然」というものの捉え方・考え方

生体エネルギーはどのような物にもあり、どのような物にも影響を与える力です。私が生体エネルギーを使いこなそうとする目的は、自然から求められる人類となり、自然から求められる産業の展開をするためです。

この場合の自然は、森や海や山などの一般的に天然といわれるものだけを指しているわけではなく、人工的に作った物も含めて存在するすべての物を指しています。ですから当然、人も植物も鉱物も含まれます。水や空気や電気も含まれます。また地球上の物だけにとどまらず、宇宙全体にある物も指しています。そしてこれら自然のすべては継続している限り「生きている」とも考えています。

●生体エネルギーはすべての物にある

生体エネルギーはどのような物にもある力です。私たち人間一人一人に生体エネルギーがあることはもちろん、人の集団ごとにも生体エネルギーがあります。そして、樹木や岩石、書物や絵画、電話や車にも生体エネルギーがあり、それを構成している原子ひとつひとつにも生体エネルギーがあります。

もちろん地球という惑星にも、また別の生体エネルギーがあるのです。生体エネルギーはすべての個にあり、それを構成する個ごとにある力なのです。

●生体エネルギーの役割

自然の物はすべて複数の個が寄り集まることで新しいひとつの個を作り出しています。このように違う内容を持つ個が、その内容を継続したまま新しい個として成立するためにも相応の過程があります。その過程と維持、このすべてを司る力が生体エネルギーです。生体エネルギーは新たな個を誕生させるための力であり、誕生後はそれを支える力となります。

言い換えれば、すべての個は生体エネルギーがあるからこそ存在していると言えます。そして、個を作る力である生体エネルギーは当然すべての個にあるのです。

＊

一〇〇％精米しない美味しい玄米酒

そして一〇〇％の玄米酒『十全』（小黒酒造製　ＴＥＬ　〇二五・三八七・二〇二五）については、佐藤政二さんはつぎのように説明しています（本当においしいお酒です）。

＊

一〇〇年間、日本酒を造り続けている新潟県の株式会社小黒酒造四代目小黒秀平氏は、日本初の「美味しく飲める一〇〇％の玄米酒」を世に送り出しています。三年前までは、他の酒蔵と同じように杜氏《とうじ》の長年の経験と勘で造られていたこの蔵の酒ですが、現在杜氏は居《お》らず小黒氏自身がすべてを取り仕切っています。

酒造の第一段階となる精米は、通常三〇〜七〇%削られてしまうそうです。しかし小黒氏は「この完成されている米という存在をなぜ削るのか?」と疑問に思い、もみ殻を取っただけの玄米で酒造りを試みました。

当初、新潟県の醸造試験場にも行かれ相談されたそうですが、技師からは「絶対に不可能だからやめた方が良いですよ。造っても、とても飲める代物にはなりませんよ。断言します」と言われてしまったそうです。

しかし、現在「やすらぎの滴」ならびに「十全」という玄米酒を小黒酒造は販売されています。世の中にはいろいろな玄米酒があると思いますが、一〇〇%精米せず、何より美味しい玄米酒「十全」は日本初ではないでしょうか。この十全は酒造の施設に生体エネルギーを活用するばかりではなく、契約農家に生態系生体システムプログラム農法による栽培を依頼し、その米を原料とすることで初めて生産が可能になりました。お米本来の機能や内容を引き出し、加工段階でも生体エネルギーを高め続けた結果が、「十全」なのです。

*

紙面の都合上、ここではこれ以上の説明はやめますが、興味をお持ちの方は、月刊『ザ・フナイ』の二〇〇八年一月号誌上の佐藤政二さんの論文、また二〇〇八年七月号誌上の小黒秀平さんの「日本酒の岩戸開き」という小題の文章、そして二〇〇九年一月号誌上の芦沢一さんの「自然から求められる人類（産業）でありたい」という文章を、ぜひお読みください。芦沢さんは山梨県で果樹専業農家を経営する会社の経営者（TEL〇五五三・二二・一九七三）で、佐藤さんとの出合いや生体エネルギーのすごい効果をストレートに書いていています。その製品のすばらしさを私自身が何より実感していますから『ザ・フナイ』に小黒さんや佐藤さん、あるいは芦沢さんに寄稿していただいたのです。

個として世の中に、何が残せるのかを考える

たびたび現場に行き、佐藤さんの説明を聞いても、この三つの文章を読んでも、私の頭では理解がむつかしいので、今度は船井本社から出している月刊『にんげんクラブ』の二〇〇九年三月号で、佐藤政二さんに巻頭インタビューをお願いしました。インタビュアーは兒玉裕子さんです。彼女は、どんなにむつかしく分りにくいことでも、平易に分りやすく聞き書く能力があります（船井総研の小山政彦社長、SYワークスの佐藤芳直社長とともに、兒玉さんは「船井の下で育った三人の傑作」と言われています）。

このインタビューを読んで、ようやく佐藤さんの言いたいこと、したいことが少し分ってきました。長文のインタビュー記事ですから、ポイントとして「見出し」だけを載せま

すので、よろしければぜひお読みください。

そのインタビューの題名は「個として世の中に、何が残せるのかを考える」です。見出しはつぎのようなものです。

- ・音楽家になりたかった子ども時代
- ・連作障害克服の想いから生体エネルギー理論が生まれた
- ・すべてのものを個として認識する
- ・生体エネルギーを使ったびっくり実験
- ・世の中に本来善悪は存在しない
- ・すべての存在は使われるために存在する
- ・自然を克服し、優れたものを作るのが農業者としての前提
- ・己を鍛え、軸を正す方法
- ・大きな夢とロマンを持ち、努力と忍耐を重ねる生き方

以上のとおりです。
ともあれ、生体エネルギーの奇跡が、いまや奇跡でなくなりつつあります。再現性があ

るし、だれでも活用できます。いままでの科学常識では、これらはどれひとつ考えられないことです。

いまでは私なりにその理由が分ります。地球上のルールが変更可能になって、実際に変更されたからだと言っておきます。

その主因は、闇の勢力(?)の本体が、地球外へと去ったからではないかと私には思えるのです。

②マスコミや科学者たちが触れようとしないアースハートの奇跡

つぎは「アースハート」です。

先に述べた生体エネルギー研究所と同様、アースハートのことは、いまでは多分、何十万人もの人が知っており、恩恵に浴した人も、ともに何万人かはいると思います。ただマスコミや権威ある(?)科学者たちが、どちらのことにも触れないだけです。

アースハートにつきましては、二〇〇九年三月九日と三月一六日の私のホームページ(Funaiyukio.com)上の、二回の私の発信文だけで、充分お分りいただけると思います。

そこで、それらの全文をここに転載します。

まず、今年（二〇〇九年）三月九日に、私は、つぎのような文章を発信しました。

＊

2009年3月9日

「いま一番知らせたいこと、言いたいこと」

確信の大事さを教えてくれるアースハート

アースハートヒルズ　ロビー

3月6日に、このホームページに紹介した『聖書の暗号』を解明すると、「船井幸雄という人は“本物”と“びっくり”を世の中に知らせる」ということらしいのですが、たしかに1990年ごろから、私のところへは「本物」が集まりだし、「びっくり現象」も続出するようになりました。

特に私に、これらを教えてくれたのは5人の人たちです。

名前を言いますと、野中邦子さん（アースハート　代表）、佐藤政二さん（生体エネルギー研究所　代表）、近藤和子さん（BMD　代表）、七沢賢治さん（七沢研究所　代表）、鈴木眞之さん（日本気導術学会　代表）です。

この5人の方たちには、まったくびっくりさせられました。

彼らは常識的に言いますと、奇跡といっていいことを数々おこしました。しかも再現性があり、だれでも少し真剣に学び、訓練すると、その奇跡を実現することができるのだから驚きます。

これらの人たちの奇跡をまとめ、私なりに「波動の法則」を確立しました。そしてそのポイントは、彼らの「良心」と「自然の理」に則った「世のため人のために尽くそう」という「正しい確信力」だと仮説を建てました。

もちろん、この私の意見を、彼らなりに無条件に認めてくれているわけではないのですが、野中邦子さんは、認めてくれていると思える人です。

そこで、きょうは野中邦子さんとアースハートのことを写真も交えて紹介します。

今年2月14日に「にんげんクラブ　西日本大会」を福岡市で行いました。その翌日の15日の朝、福岡市にあるアースハート本社（アースハートヒルズ）を訪問しました。

JRの博多駅や福岡空港から車で20分～30分、福岡市の東の端に、去年1月に完成したアースハートヒルズが森の中に建っていました。敷地約1万坪、建物面積約1，100坪強ですが、大会議場や勉強ルーム、宿泊施設（16室、40名収容可）も完備し、何よりも敷地内の超イヤシロチぶりに私はびっくりしました。実に気持がいいのです。

アースハートは野中邦子さんがサムシング・グレートから授かったハンドパワーで、医師から見放された難病の人たちを何千人も健常人として復活させた上、それらの人々もハンドパワーが活用できるようになり、グループとして数多くの奇跡的な現象を見せているので、勉強熱心な人々にはよく知られています。

ところで、私は十数年前に野中さんとはじめてお会いしました。それ以降、彼女やアースハートの活動を、じっと見守ってきたのですが、2005年10月にビジネス社より発刊しました拙著『にんげん』の中で、はじめて野中さんやアースハートのこと、ハンドパワーのことなどを世の中に紹介しました。

同書の239ページには、つぎのように書いています。

長崎市の織田夫妻がつくったレモン。大きい方のレモンがパワーを使って作ったもの

私の10年来の知人に野中邦子さんがいます。

福岡で(株)アースハートという会社を主宰しているご婦人ですが、十数年前は普通の主婦の方でした。彼女がハンド・パワーに目覚めて10年余りですが、いまでは何千人もの人が、彼女に助けられたといって慕っています。

その野中さんがつい先日8月31日、わざわざ東京の私のオフィスを訪問してくれました。

「船井先生、最近私の周囲で、次々と奇蹟といっていいことが起こるのです。みんなで心を合わせて思っただけなのに、巨大な野菜ができたのです。また、野菜たちが、私たちのイメージした形になってくれるのです。体の痛みもとれるし、不幸も幸せに変わります。天候すら変わってくれるのです。何千人もの人が知っていますので、これらは事実ですが、なぜか理由を知りたいのです。教えてくれませんか。

同書の242ページからは、彼女のコトバを紹介していますが、「確信」と題したその「コトバ」のはじめの方で彼女はつぎのように言っています。

けし粒の信念は岩をも動かすという。

その信念をより強化し、確信を深めるための我々の日々の行いは正しく使い、正しく伝え、人々を覚醒すること。

私はこれらのことを始まって以来、十年一日のごとく、同じことをずっと言い続けてきました。私は、誠意、熱意、継続をもってひたすらにそのことのみを訴えてきました。

そして、今、その確信を掴みつつある人々が確実に増えてきたことを、私は、どれ程の喜びをもって表せば良いのだろうかと感動を噛み締めています。

私は、ずっとこの日が来ることを、待ち望んでいた。そして遂にその日はやってきた。

確信を掴んだ人々、それは日々の暮らしの中で愚直なまでに愚鈍なまでに、我々にしかできぬ唯一の行(ぎょう)をただひたすらにやり通した人々である。

一方で私は、自らも参加し、行動を起こし、それぞれが確信を掴むためのきっかけになればと数々のイベントを今日までしかけてきました。

それが毎月の無限塾であり、パーティであり、演芸会、ライブコンサート、ベジタブルアート展、そしてアクションセミナーがあり、ワンネスクラブの過去世の体験、それらすべては私たちが確信を得る為に企画したものです。

使って伝えた者だけが、気づき、学べる大切な実証の場でもある。

今、それらがやっと功を奏し、確信に触れた人々の穏やかで満ち足りた優しい眼差しが、それらをもの語っています。その信念を抱えた人々は、今、確実に人々の原因となる生き方を示し始めました。

また次のようにも言っています。

5・6年前になるだろうか。私はあることがきっかけで、この愛のパワーを使って巨大野菜を作ることを提案した。300人もの人々が名のりを上げ、野菜作りに挑戦した。昨年の7月、東京にて、巨大野菜を集結したベジタブルアート展を開催し見事、大成功を修めた。あれから一年がすぎ、奇跡の野菜は年間を通じ全国各地の人々によって作られ、私たちの会、独自のギネスブックを作り、それは年々更新されるに至った。

そして今、巨大野菜たちばかりでなく、私たちがイメージしたその形をもって、野菜たちは登場するに至った。バナナの形をしたナス。数字を表したり、LOVEのアルファベットを形づくったキュウリたち。ハートの形をしたじゃがいも、メロン、トマト。そして8月の無限塾で我々を大いに沸かせたペンギンの形をしたナス。

これら野菜たちは、けなげにも私たちのイメージしたそのままの形で姿を表わし、私たちに確信をベースとした意思力の大切さと無になることの大切さを学ばせるために、大いに役立った。

物言わぬ野菜たちのしかし、雄弁なるメッセージは、確かに私たちの心の奥にまで届き、愛おしくもそのけなげな姿に、私たちはどれ程の勇気をもらい救われたことでしょう。

確信。

けし粒の信念は岩をも動かすというがごとく、私たちの日々の行は、その確信を掴むためのものだと言っても決して過言ではありません。

しかし、その確信を掴むことは困難を極め、ただ相手を想う、無償の愛の精神が問われ、長い道のりを旅する覚悟が必要となる。しかしそれこそが唯一、我々にしかできない日々のレッスンなのです（転載ここまで）。


今年２月15日、同社の玄関を入ると、まず会員さんたちのパワーがつくった多くのびっくりするような大きな野菜や果物が私を迎えてくれました。

パワーを使って作ったアスパラ

・愛知県田原市の鈴木杲子さん（66才）の畑でつくられた10kg以上もある大根が５本
・豊橋市の河辺壮一さん（75才）のつくった800gもある白ねぎ
・諫早市の下田スミさん（76才）のつくった３．５kg～４．５kgのかぶ
・八代市の福田シヅエさん（71才）のカリフラワー、これは７．５kgもありました。
・長崎市の松本弘さん（67才）の12．5kgの聖護院大根
・岡崎市の平岩久枝さん（67才）の67cmの小松菜
・熊本県宇城市の河野明美さん（46才）の650gと630gのデコポン

…などです。

ふつうのものの10倍～30倍もあります。しかもおいしいのです。

また当日、リフレッシュのために宿泊していたかつての難病者35人くらいのショートステイ（２日～１週間くらいの宿泊者）のひとたちとしばらく話しあいましたが、こんなにすなおで明るく幸せそうな人々に会ったのは久しぶりでした。

八代市の福田シヅエさんのカリフラワー。一番右がパワーを使わなかったもの

この人たちの明るさのポイントは、アースハートのパワーを体得し活用できることにあるように思います。それはアースハートセミナーに参加すればだれでも得られるということで、野中さんが中心になって全国各地で行なわれているもようです。

詳しくは直接お問い合せになるか、アースハートのホームページ（http://earthheart.co.jp/）をご覧ください。アースハートの電話番号は、092－663－2061、FAX番号は、092－663－2066です。

私はかつて、アースハートが月１回、会員に行なっている無限塾に講師として参加したことがありますが、この無限塾のDVDを見、アースハートヒルズへ２泊３日（１名で２万円、家族なら18000円）のショートステイでもしますと、ここの奇跡的なできごとの秘密や確信の大事さが、もっともよく分ると思います。

ともあれ、今年２月15日は、楽しい時間をアースハートヒルズで過して来ました。

と同時に、「波動の法則」と「すばらしい確信」の大事さを確認した一刻でした。

＝以上＝

ついで、三月一六日には、三月九日の文章を補強する意味で、以下のような記事を発信しました。私の書いた記事について、批判や否定や質問などが多くあったからです。

2009年3月16日

「いま一番知らせたいこと、言いたいこと」

野菜からのメッセージ、ハンド・パワーの威力

3月9日のこのページにアースハートの「奇跡の野菜や果物」のことを書きました。

何人かの方から、「そんな馬鹿な？」というコメントがありました。

そこで私の記したことが事実であることを、きょうもう一度詳しく説明します。

多くの人は、「真実」「近未来予想」そして「それらへの対処法」を知りたがりますが、私は今月からは「真実」だけを述べようと、考え方を変えました。

もちろん、私の著書では、私見としての「近未来予想」や「対処法」は必要最低限は述べますが、あくまで読者の「予想」や「対処法」のヒントになる範囲にとどめ、アドバイスやコンサルティングは今後はやめようと思っています。

もう、そんな必要のない時流になったと思うからです。

ところで、「真実」の話しにもどります。

なぜか、私は常識的に言いますと、びっくりするような真実に多く遭遇します。

それらの一つが、アースハートや万田酵素の巨大野菜です。アースハートの場合は、ハンド・パワーを扱えるようになった人たちが野菜や果物に、「大きくなあれ」と言い、思い、ハンド・パワーを与えただけの結果です。その事実をすでに知っており、びっくりし感動した人が日本だけでも何万人もいます。

一番読者に分ってもらいやすいのは、2007年1月1日に(株)アースハート(TEL:092－663－2061、FAX:092－663－2066)から発刊された『野菜からのメッセージ』という本を1冊読んでいただくことです。すべてカラー写真つきの説明で50例ぐらいが紹介されています。そこには巨大になるだけでなく、型を変えたり、品質がよくなり大臣賞をもらったりという多くの実例があります。

農薬などを使わず、ハンド・パワーと、それを使える人たちの意識によるだけの奇跡なのです。

同書の「はじめに」に、アースハート代表の野中邦子さんは、次のようなメッセージを書いています。

はじめに

私たちが、日々使っているハンド・パワーは気功というには、あまりにも直接的で簡単でしかも瞬時に結果が出るまさに奇跡の力です。

今や私をはじめハンド・パワーを使えるようになった多くの仲間たちにとっては、なくてはならない力となりました。ごく自然に日常の暮らしの中に溶け込み、日々、その恩恵に浴し感謝の中で時を送るとき、この力に出会えたことに今はただ感謝するばかりです。

このハンド・パワーは超能力ではなく、人間が誰しももともと持っている力です。遡れば、あの昔なつかしい手当てという言葉にいきつきます。超能力ではなく、ただの能力だと言えるのは、この力を使っている仲間は十代から九十代までと実に幅広く、特筆すべきは、誰ひとり落ちこぼれがない、つまり誰でもが空に浮かぶ雲を消し、物質を変化させ、人の痛みが分かってとれるという素晴らしい力です。

2004年7月、東京の中心地でベジタブル・アート展なるものを開催しました。全国から300人もの人が名のりを上げ、まさに自らが手塩にかけ育てた芸術作品であるところの自慢の巨大野菜を展示したのでした。入場者は、2000人を超え、感動的な二日間でした。巨大な野

菜、ユニークな野菜、不思議な形をした野菜たちが所せましと並び、威風堂々と自らを主張し、まばゆいばかりのオーラを放って会場を埋めつくしました。

5年前の秋の終わりに、私は元気になった仲間たちに、皆さんのハンド・パワーで巨大野菜を作って欲しい、まだこの世界を知らぬ人たちへ目で見る奇跡を起こし大いなる存在・創造主の実在とその愛を知らしめ真実の愛の世界を知らせて欲しい、それはもう一つの世界を知ってしまった私たちの義務なのだと熱く語ったのでした。

一方で、農薬を使わない巨大野菜を誰でもが作れるということは時局に鑑みて食糧難に備え、或いはそのことによって自給自足の精神が芽生えたなら、いつか必ず役に立つ時が来るという強い自負の念を持ちながら、祈りにも似た気持ちで皆さんに語りました。結果、多くの賛同を得て私たちはベジタブル・アート展開催に向かって立ち上がったのでした。

19kgのスイカ、巨大なメロン、巨大な玉ネギにナス、72cmにも伸びたバットのようなキュウリ、手の平大の大きな青ジソの葉、数字を形作ったキュウリ、百個の花をつけたカサブランカ。

人と植物の意識の連鎖、確かに私たちの意識は通じ合い見事なまでの人と野菜の感動的な祭典でした。あの時ほど野菜たちが愛おしく思えたことはなく確かに、野菜と人間はお互い信じあって、その祭典を共に喜び、共に称え、感動の時を共有したのでした。我々にとってのその二日間はハンド・パワーを学ぶ者にとっての歴史に残る偉大な1ページとなりました。

水が人の意識を写すように野菜や植物たちも又、人の想いを形に変える。まさに意識はエネルギーなのです。人の意識の連鎖、連動が目の前の現実を作っている。この世の現実が人の意識の産物ならば、その意識を変えれば世界は変わる。私たちはただそのことに気づけば良い。真理とは実に単純で常にシンプルなものなのです。

創造主が示す遠大な計画の中、まさに人類にあっての意識のルネサンスは今、黎明の時を迎えました、顕現される数々の現象を野菜を通し、人を通して私たちのかつての常識が覆され塗り変えられていきました。そのパラダイム・シフトを、パワーを通して確かな手応えの中で今、実感している我々なのです。この写真集を手にした方たちに野菜たちの深遠なるメッセージが伝わりますように。

あなたがいつの日か、真実の愛に目覚めることを祈って止みません。

あなたの心に安らけし平和が訪れますように。

アースハート代表　野中邦子（転載ここまで）

ぜひ税込1，800円のこの本を1冊買って読んでください。それでもなお信用できない方は、アースハートの本社を訪ね、真実か否かを直接に確認してください。


なお巨大野菜につきましては、尾道市に本社のある万田酵素（株）が同社発売の植物用万田酵素「万田31号」を利用した「作物の生育増強、食味向上」を奨めています。

私と親しい会社なので私は同社関係の多くの実例を知っています。2007年の『船井幸雄オープンワールド』では同社の松浦新吾郎会長に講師をたのみ実状を公表してもらいました。

こちらの方の成果は「万田31号」を活用するからか、おおむねアースハートのハンド・パワーのものより大きくなることが多いようですが、いずれにしてもこの結果にもびっくりします。常識の20－30倍の大根や西瓜、カボチャなどが出来るのです。

しかも品質、味とも最高です。

興味のある方は同社の万田31号技術相談室（電話：0120－00－9339）にお問い合せください。

ともかく、これらは真実なのです。しかも再現性があり、少し練習すればだれでもできることです。

そのことを知り、「近未来予想」や「対処法」を充分にお考えください。

よろしく。

なお、野中邦子アースハート代表は、
「ハンド・パワーは野菜も大きくしますが、ほとんどの方が病をきっかけにハンドパワーを会得し、修練をしていった結果、多くの人は病をのりこえ、日々の生活の中感謝し、不安なくすごしておられます。そしてほとんどの方が家族の痛みをとり、熱を下げ、下痢を止めています。今やオーバーではなく、医者いらずの日々を送らせて頂いております。人々の意識はさらに変化し、進化して、病気のない、不幸のない、弥勒（みろく）の世の到来間近と本気で考えています」…と言っています。これも念のため付記しておきます。

＝以上＝

＊

より詳しくはアースハートに直接にお聞きいただけば、ていねいに説明してくれると思います。信用できない方はお問い合せください。また現地に行って見てきてください。

ともかく、十余年前から医師が見放した難病、奇病の人が、つぎつぎと元気になりはじめ、最近では、ますますその加速度がつきはじめたように思えるのです。

これらの現象を現場に行って見聞きしますと、やはり「地球上のルールは変った……というか、変りつつあるようだ」と思わざるを得ないのです。

「聖書の暗号」は、それらのことを想定して、メッセージを旧約聖書のモーセ五書に組みこまれたものだと思えてならないのです。

③急速に広がりつつある「ホ・オポノポノ」

最近、私の周辺で急速に「ホ・オポノポノ」という言葉が有名になりつつあります。

この言葉とイハレアカラ・ヒューレン博士を心ある日本人に知ってもらったのは、私も多少は手伝ったような気がします。そこで、まず「ホ・オポノポノ」や、ヒューレンさんのことを簡単に説明しましょう。

＊

つぎに紹介するのは、『にんげんクラブ』という船井本社（〇三・五七八二・八一一〇）が主宰する会員制勉強会の会員だけが見ることのできるホームページ上に、二〇〇七年六月二六日に、私が書いた文章の大要です（毎週火曜日、このホームページに「今週一番知ってほしいこと」という題で発信しています）。

今週一番知ってほしいこと――ホ・オポノポノ

「にんげんクラブ」ホームページ2007年6月26日

先月の16日、本物研究会のときに、㈱トータルヘルスデザインの近藤洋一社長から「ホ・オポノポノ」というハワイに伝わる究極の「人間正常化ノウハウ」の資料をもらいました。その後、6月25日にも、また別の資料をもらいました。

以下にその一部を転載します。それはヒューレンさんの知人のコンサルタント兼作家であるジョー・ヴィターリさんの文章です（ヒューレンさんのことは、ジョー・ヴィターリさんとヒューレンさんの共著で東本貢司訳『ハワイの秘法』が二〇〇八年七月にＰＨＰ研究所から出版されています）。

（※ここから後略の前までがヴィターリさんの文章です）

２年前に、ハワイに住む１人のセラピストの話を聞いた。その人は触法精神障害者（刑法罰に問われたものの、精神障害を理由に不起訴、減刑、あるいは無罪となった人のこと）の病棟に収容されていた人たち全員を、誰一人診察することなく癒したそうだ。

その心理学者は患者のカルテを読み、自分がどのようにして、その人の病気を創りだしたのかを理解するために、自分の内側を見たのだそうだ。

彼が自分自身を改善するにつれて、患者も改善したという。

彼の名はイハレアカラ・ヒューレン博士。私たちは最初の電話でたぶん１時間は話しただろう。彼にセラピストとしての仕事の全貌を語ってくれるようお願いした。

彼はハワイ州立病院で４年間働いたことを話してくれた。触法精神障害者を収容していた病棟は危険なところで、心理学者や医師は月単位でやめていき、職員はよく病欠の電話をかけてきて、やめていく人もいたそうだ。

人々がその病棟内を歩くときには、患者に攻撃されないように壁に背中をくっつけて通ったらしい。それは生活するにも働くにも訪ねるにも心地よい場所ではなかった。ヒューレン博士は1度も患者を診なかったのだそうだ。彼は診療室を持って患者らのファイルに目を通すことには合意した。それらのファイルを見ながら、彼は自分自身に働きかけた。

彼が自分自身に働きかけるにつれて、患者に癒しが起きはじめた。

「2、3ヶ月後には、以前は手足を縛られていた患者たちが、自由に歩くことを許可されていました」と彼は言った。

「多量の投薬が必要だった人たちは、投薬をやめつつありました。そして退院の見込みのなかった人たちが退院していったのです」

私は畏敬《いけい》の念に打たれた。

「それだけではありません」。彼は続けた。

「職員が仕事に来ることを楽しみ始めたのです。常習的欠勤や退職は消え去りました。患者は退院していくし、職員全員が仕事に来るようになったので、最後には必要以上の人数の職員が残りました。現在、その病棟は閉鎖されています」

(後略)

*

私はこの文章を読んで「そんなことは、あるはずがない」と、まず思いました。そこでヒューレンさんに会いたくなったのです。それは実現しました。その会見に立ち会った月刊『ザ・フナイ』の高岡編集長は、ヒューレンさんと私の対談記事のはじめにつぎのような文章を書いています。

> ハワイに古くから伝わる問題解決法「ホ・オポノポノ」。ホ・オポノポノには、ハワイ語で「調和をとりもどす」という意味があるそうです。二〇〇七年一一月来日され、船井と話されたイハレアカラ・ヒューレン博士の実践した「ホ・オポノポノ」は、ハワイの病院で心を病み、犯罪を犯し、狂暴で手の付けられなかった人たちを健全な状態に戻していきました。ヒューレン先生は、いったいどうやって問題を解決していったのでしょうか？ユーモアにあふれ、気さくであたたかなだけでなく、直感力にもすぐれていたヒューレン先生。ヒューレン先生と船井は、初対面にもかかわらず、あっという間にうちとけてしまいました。ホ・オポノポノは、どのように私たちの日常に活用できるのでしょうか？

ただ四つの言葉を唱えれば、意味など知らなくてもいい

　ところで私（船井幸雄）がヒューレンさんにはじめてお会いしたのは、一昨年（二〇〇七年）一一月二六日のことでした。彼は部屋の中でも帽子を頭に乗っけたままの人ですが、（これは彼の著書を読んで、理由を知りました）人なつっこくて明るい人でした。年齢は私より十歳近く若い人です。ともかく、会ったとたんに仲よくなりました。

　その後、去年（二〇〇八年）一〇月の「船井幸雄オープンワールド」に講師として出てもらったり、彼の出演するセミナーを船井メディアが主催したりで親しく付きあっています。

　いま彼や「ホ・オポノポノ」についての日本語の本が何冊か出ていますが、私は、前記の『超効率勉強法』と、(株)トータルヘルスデザイン（TEL〇七七四―七二―五八八九）から出ている滝澤朋子著『あなたも魔法使いになれる　ホ・オポノポノのヒミツ』（二〇〇九年四月刊）や、ヒューレンさん自らが説明し、それを桜庭雅文さんがインタビューしてまとめた『ハワイに伝わる癒しの秘法　みんなが幸せになるホ・オポノポノ』（二〇〇八年九月三〇日、徳間書店刊）が、分りやすいと思って奨めております。同書の

「あとがき」で桜庭さんは、つぎのように同書を結んでいます。

ちなみに同書は実例が多く、だれもが納得させられます。

＊

本書の執筆にあたって、ブルーソーラー・ウォーターを飲みつつ、「Ceeport」グッズを身につけ、四つの言葉を唱えるのが習慣となった。そして、執筆の過程でとても不思議なことが起きた。

いつも取材内容については録音から文字データを専門家に起こしてもらっているが、音源に戻って確認しなければならない箇所が必ず出てくるものだ。長時間にわたる録音の中から特定の言葉を探し出して確認するのはとても面倒な作業なのだが、今回はパソコンで録音データを探すと、すぐに必要な箇所が出てきた。

そういうところが何箇所かあって、今度こそそんなに都合がいいことはもう起きないだろうと思いながら録音を聞くのだが、すぐに確認したいところがピタッと出てきた。

長年、この仕事をしてきたが、こんなことははじめてである。単なる偶然とは、とても思えない。これは、ホ・オポノポノの直接的な効果という以外、考えようがない。

インタビューにあたっては、セルフアイデンティティ・ホ・オポノポノの哲学的で深い部分と、ただただ四つの言葉を唱えていれば、その意味など知らなくてもいいという単純さにギャップを感じていた。しかし、この疑問は、ヒューレン博士の懇切な説明で氷解した。

私はこれまでスピリチュアル関係の本を何冊か手掛けてきたが、さまざまな世界観があるなかで、セルフアイデンティティ・ホ・オポノポノの世界観は矛盾なくすべてを包括している。

ヒューレン博士には、一緒にいるだけで包み込まれるような安心感を感じさせる何かがある。キャップがトレードマークのようになっているが、ひさしの下の笑顔はまさに無限のやさしさを感じさせた。

インタビュアーの常として、納得できないことは何度も何度も聞き方を変え、言葉を換えて質問するものだが、私の愚問や難問にもヒューレン博士は笑みを絶やすことなく答えてくれた。

来日中の忙しいスケジュールのなか、かなり遅くまで長時間にわたってインタビューさせていただいたが、ヒューレン博士の年齢を感じさせないエネルギッシュさには驚かされた。これも、ホ・オポノポノの効果かもしれない。この本の出版が、神聖なる知能によって導かれた証拠だろう。

原稿の執筆にあたっては、ヒューレン博士の日本でのマネジメントをしている平良ベティーさんに大変お世話になった。本書の実現は、彼女の献身的な努力の賜である。
いまでも、私の頭の中では、四つの言葉が途切れることなく続いている。
ありがとう。ごめんなさい。許してください。愛しています。

二〇〇八年九月一一日

櫻庭雅文

＊

問題解決の原初的で本質的なもの

では、これから船井流で説明します。ヒューレン博士の「ホ・オポノポノ」は、ハワイに四〇〇〇年前から伝わっている伝統的な問題解決の手法としての「ホ・オポノポノ」と少しちがっていて、「セルフ・アイデンティティ・ホ・オポノポノ」です。

これは、彼にとってのこの面での先生と言ってもいい、モナ・ナラマク・シメオナさん（一九一三年〜一九九二年）がインスピレーションで開発したといわれているものです。

ヒューレンさんは、「セルフ・アイデンテイ・ホ・オポノポノ」（以下、ホ・オポノポノと書きます）こそ、問題解決の原初的で本質的なものだと思う、と言っています。

ハワイの言葉で「ホ・オポノポノ」の「ホ・オ」は「目標」「ポノポノ」は「完璧」と

いう意味で、「ホ・オポノポノ」とは「完璧にするために修正し、誤りを正すこと」ということです。

前記の著述書には、つぎのように書かれています。

＊

私は一九八二年、四一歳のときに、セルフアイデンティティ・ホ・オポノポノの創始者、モナ・ナラマク・シメオナと出会うことになったのです。

心理学の新しい局面を開拓しようとか、自分に何か悩みがあって彼女のもとを訪れたわけではありません。まるで何かに引きつけられるように、モナのセミナーに参加したのです。そのクラスでどういうことが行われるのかも、まったく知らないままでした。

セミナーの初日、「すべてのことはあなたが原因ですよ」と言われました。これは、セルフアイデンティティ・ホ・オポノポノの本質です。しかし、当時はそんなことはまったく知りませんでした。変なことを言う人だな、と思いました。

そしてセミナーが始まってすぐ、モナは二五～三〇人の参加者のテーブルの中心に「中国人の男性が座っているのが見えますか」と言いました。

しかし、そんな男性などいません。私は、モナは精神的に病んでいるのではないかと思い、すぐにセミナーの席を立って帰りました。

しかし、その一週間後、私はまたモナのセミナーに参加していました。いま考えても、どうして前の週に途中で抜け出したセミナーに参加することにしたのか、まったくわかりません。人間は、あのときなぜあんなことをしたのだろうと、過去を振り返って考えることがありますが、実際には自分で選択しているわけではありません。潜在意識に誘導されているのです。

私も、まさに潜在意識に従って再度セミナーに参加することになったのです。

今度は、なんとかセミナーの最後までいましたが、セミナーが終わってからモナは次のように言いました。

「あなたがくる二週間前に、私はあなたがくるところを見ていました」

私は、この言葉を聞いて、「これは嘘だ!」と思いました。

モナは、一見とてもやさしそうなおばあさんに見えました。一緒にいるのは楽な人でしたが、話すことに何も根拠がありません。

私は論理的な思考が身についていたので、彼女が言うことはどう考えても納得できませんでした。私はまた、彼女の考え方はとうてい受け入れられないと思いながら帰ることになりました……と。

＊

トラウマ＝カルマ＝業を消し去る

このようなことを繰り返して、モナさんとヒューレンさんは、一緒にホ・オポノポノを人々に拡めることになったのです。そして具体的には、彼は一九八三年から一九八七年までの五年間、ハワイ州立の精神障害者の収容施設で、患者のだれにも会わず、彼らのファイルを見て「ホ・オポノポノ」を実践しただけで、全員を正常（?）にしたようなのです。収容されている患者は、常時四〇人くらいだったようです。

もちろん、その間モナさんも、彼の仕事を陰ながら手伝ってくれていたようです。

モナさんやヒューレンさんのやり方は、「すべては自分の責任だ」と考え、自分と、対象となる存在に「①ありがとう（Tank you）、②ごめんなさい（I am sorry）、③許してね（Please forgive me）、④愛しているよ（I love you）」の四つの言葉を独得の方法で唱え、それによってそれぞれの潜在意識（Sub conscious Mind）＝人間の持っている潜在記憶＝トラウマ＝カルマ＝業《ごう》などを消し去ることが、主体だと思われます。

このことについて、トータルヘルスデザイン社発行の著書『あなたも魔法使いになれるホ・オポノポノ』のはじめに、つぎのように書かれています。これは著者の滝澤朋子さんの文章です。どうぞご一読ください。前述の文と内容が少し重なりますが、どうかお読みください。

＊

一.

ハワイの州立病院から、ある病棟が消えた。

一人の心理学者がその病棟に勤務したことをきっかけに。

「触法精神障害者収容病棟」。精神的な病気が理由で、殺人のような重い罪を犯しても「責任をとる能力がない」と判断された人が収容されている。要するに、「自分で自分をコントロールできない」人たちが入る病棟だ。

収容者たちの間での暴力沙汰はもちろんのこと、病院の職員たちも頻繁に暴行を加えられ、週に一、二回は大きな騒ぎとなっていた。

そのため、収容者は大量の薬を投与され、手かせ足かせをはめられることが日常茶飯事だった。職員は、いつ襲われるかわからないため、壁を背にしなければ廊下を歩けなかったという。

このような病棟では、当然のことながら、スタッフ、そして精神科医がいつかない。心理学者、イハレアカラ・ヒューレン博士は、知人から、その病棟の精神科医の代理として、勤務を依頼された。

博士は学者であって医師ではないため、引き受けられないと、その依頼を断り続けた。しかしその知人は、博士が「その現実を変えることのできる人」だと知っていたのだ。博士は何ヶ月もアプローチを受け続け、ついに根負けし、スタッフとして病棟へ入ることを引き受けた。

博士は、病棟に勤務を始めた日から、「自分」の内面を癒し始めた。収容者に対しては、診察も、カウンセリングも、治療行為も、一切行わない。ただ、来る日も来る日も、「自分」を癒した。

すると、収容者に変化があらわれ始めたのだ。

二、三ヶ月後には、手足を縛られていた人たちが、自由に歩くことを許可されるようになり、多量の投薬が必要だった人たちは、それが不要になった。

博士がやったことは、来る日も来る日も、収容者のカルテを見ながら、

「彼らの病気をつくったのは、自分の中の何が原因なのだろう?」と、ひたすらその「原因」を癒し続けたこと。

話もしない、手も触れない、たった一度の診察すらせずに。

自分自身の中にある「原因」を癒し続けたその結果、退院の見込みのなかった人たちが次々に退院していった。


そればかりではない。欠勤ばかりだった病棟のスタッフが仕事を楽しむようになり、誰一人休まなくなったのだ。

収容者はどんどん減る一方、スタッフは皆勤。とうとうスタッフが余るようになり——

博士が勤務して四年の後、すべての収容者が退院。病棟は閉鎖された。


「病棟が、閉鎖? 精神の病気が、全員治ったってこと?」

私は友人からのメールでこの不思議な話を知った。

顔も見たことのない相手を、たとえば違う国などの遠方から癒すことが可能だとは、以前から聞いたことがあったし、「祈り」や「思い」が他者に与える影響についても「大あり」だとは思っていた。

でも博士がやったことは、私が知っているヒーリングの、どれとも違っていた。

ヒーリングの対象は、どんな場合もその症状を持っている「他者」だった。

しかし、この記事に書かれていたことは、

「自分を癒すことで、人が癒される」

ということだ。

「ありえない話ではない」とは思ったが、それによって「ハワイの州立病院の一病棟が閉鎖された」となると、そのスケールがハンパじゃない。

しかもその対象は、不特定多数の触法精神障害者たち。自分で犯した罪を、認識して償うことのできない人たちだ。

医療行為であれ、ヒーリングであれ、最も難しい対象のように思えた。

「いったい、どうやって?」

この話を取材した記者も、私の最も聴きたいことを、博士に尋ねてくれていた。

「どのようにして、自分自身を癒していたのですか？」

カルテを見ながら、実際に、具体的には、何をしていたのか。

博士の答えは、こうだった。

「私はただ『ごめんなさい（I'm sorry）』と『愛しています（I love you）』を、何度も言い続けていただけです」

記者は、もう一度尋ねた。

「それだけ？」

博士は答えた。

「それだけです」。

何度読んでも、「それだけ」だった。

それ以外のことを、博士はしなかった。

私は、「この人は、魔法のような力で病気を治す人なのだ」、という興味を持った。

誰が聞いても、「博士が特別な人だ」と思うのではないか。

『ごめんなさい（I'm sorry）』と『愛しています（I love you）』を、何度も何度も自分の内側に向かって言い続ける、それだけで相手を治すなんて。そんな私にでもできそうなことで難病を治したというなら、博士が特別なのに違いなかった。


しかし、そうではなかった。


読み進めるうち、それは「誰にでも」できることだと書かれているのに気がついた。

「誰にでも」？

そう。誰にでも。

鳥肌がたった。

博士と同じように、どんな治療からも見放された人を治すことができる？　私のような凡人でも？


キタキタキタ!!　ついにキタ！

なんだかわからないが、ものすごい「真実」に出合った気がした。

この伝説の男性が、同じ地球上にいるなら、そして会うことができる人なのだとしたら。

絶対に会っておかなければ、後悔すると思った。

二.

博士の手法は、「ホ・オポノポノ」と呼ばれる問題解決のメソッドにもとづいていた。

これは、古くからハワイのある少数民族に伝わる、伝統的な問題解決のメソッドだ。誰かが問題を起こしたとき、その人に関わる全ての人が参加して、その問題の原因を癒すというのがホ・オポノポノだ。

それを、ある女性がインスピレーションを受け、現代人の誰もがいつでも一人でできるものに進化させた。彼女はすでに他界していたが、ハワイでは伝統的医療の分野で「人間〝州〟宝」と認められた人だった。


彼女が進化させたこのメソッドは、「セルフアイデンティティ・スルー・ホ・オポノポノ（SITH）」と呼ばれ、国連職員を対象にクラスが開催されたこともあるという。

州が、そして国連が一目を置くメソッド。やはりホ・オポノポノは、現実的にはっきり効果をもたらす方法に違いなかった……と。

*

この辺で「ホ・オポノポノ」についての引用や説明はやめますが、いまハワイや日本だけでなく、この「ホ・オポノポノ」が世界中ですばらしい効果を発揮しはじめています。できれば読者も、はじめてみてください。信じてやると、非常に早く効果が出るようです。私（船井幸雄）もやってみました。そしてその効果にびっくりしました。

以上で「生体エネルギー」「アースハート」「ホ・オポノポノ」についての説明を終りますが、地球上のこれまでの常識的なルールが、いま急崩壊しつつあるのが、この三つの実例だけでお分りいただけるでしょう。「世の中」は変りつつあると言えるようです。

（3）陰謀もウソも通用しないネット時代の到来

現在の世の中はネット社会です。

二〇〇〇年をすぎて、世の中は情報伝達や情報化という点では完全に変りました。これは革命的とも言っていいでしょう。このことについては、いまさら本書の読者には説明不要だと思いますので、説明は省略いたします。

パソコンや携帯電話の普及で、先進国ではいまや情報統制は事実上不可能になりました。「知りたい」と思いさえすれば、真実というか本当のことが、いままでは有識者といいますか、少し勉強している人には、少しの時間的なずれはあっても、はっきりと、だれにでも分る時代になりました。したがいまして、だれもがウソをつけなくなりました。

陰謀も不可能になりつつあります。政治家や官僚、資本家、宗教指導者など、ウソも必要としていた人たちにとっては、きわめてむつかしい時代になりました。

日本のマスメディアは、いまでもアメリカや日本の政府や支配層にとって、都合のわるいことは発表しないもようですが、事実は一カ月も経たない間に、日本人のエリート層には分るようになりました。そしてすぐに、大衆にもばれます。パソコンを通じての情報や、各種の真実（?）を書いた出版物が出現するようになってきたからです。

それらについて、今年六月一五日の私のホームページの発信文の一部を紹介します。

＊

分りやすく真実を書いた本がほとんどない

「いまの不況は回復しないだろう。それどころか近々ハイパーインフレが来そうだ。これは大変だ」と私は思うのですが、新聞やテレビを見ているとおおむね楽観的です。多くのエコノミストや経済評論家も、政界、官界、財界の人々も、あまり心配しているようには見えません。株価が少し上ったので、これで不況脱出だ、と思っているようです。

「心配はしないほうがよい」のは当然ですから、それはそれでいいとして、私にはこれらの人たちやマスメディアは本当のことを知らないか、言いたくないから言わないのだと思えてなりません。

ところで最近、2冊、経済的なことで真実を言っている…と思える本が出ました。

1冊は4月30日に徳間書店から出た副島隆彦さんの新著『日米「振り込め詐欺」大恐慌』です。帯には「オバマ大統領は2年で辞任し、世界は緊急の金融統制体制(預金封鎖)に突入する。」とあります。かなりびっくりすることが書かれていますが、読むと多くの疑問が解けます。

豊富な資料に裏うちされている実に分りよい本です。ぜひ御一読をお奨めします。

2冊めは朝倉慶著『恐慌第2幕』(5月10日、ゴマブックス刊)です。実に分りやすい論理的な内容の本なのです。そして、一読しますとこれからが大変だとだれでも分ります。

副島さんや朝倉さんは、経済を含めた社会現象予測の超プロですが、ともに天才といってよいくらい真実を上手に分りやすくとりまとめる能力に長けています。朝倉さんのこの本もぜひ御一読ください。この2冊を読むと、現在の問題点の多くが、多分すっきりするでしょう。

なお、つぎは『恐慌第2幕』の「まえがき」の文です。転載いたします。これは朝倉さんの本音です。

・・・・・・・

昨年12月、私の初めての本、『大恐慌入門』を出版しました。おかげ様で、大変多くの読者から反響をいただきました。続編を、と請われていたのですが、オバマ大統領の就任、年明けからの止まらない経済悪化を見るにつけ、今の状況を甘くみてはならない、そして、もっと多くの人達に、今後の極めて厳しい情勢変化を伝えていかなくてはならない、という思いを強くしました。

「100年に一度の危機」と言われているものの、言葉だけが踊っている感じがしてなりません。状況は刻々と悪化しているのです。実際、派遣やパートなど、今すでに、職を失った人達は、今後なかなか、職を探すのは困難でしょう。そして、次はいよいよ正社員にリストラの波が迫ってきます。残念ながら、恐慌は酷くなっていく一方なのです。そして、今、この恐慌は、二つ目のステージ、いわゆる悪性インフレへとステップしようとしています。株の下げが落ち着いたと思ったら、次はもっと恐ろしい悪性インフレ、国債をはじめとする債券の暴落が迫ってきているのです。中央銀行といえども、そうなったら制御不能です。なすすべをもちません。

世間は今、つかの間の株式の上昇に安心して、ほっとしているようです。しかし世界を見渡しても、何ひとつ本質的なものは解決されていないのです。すべては先延ばしされていますが、これから訪れるものは、人々を恐怖に陥れる想像を超えた混乱なのです。景気は良くはなりません、必需品は値段が高騰していきます。安心してはならないのです。どうしても本当のことを伝えなければ、という思いで、再びペンを取りました。

なお、本書が出版の運びとなるまで、多くの方々に大変お世話になりました。

まず、いつも私をバックアップしていただき、指導していただいている船井グループのトップである（株）船井本社会長の船井幸雄氏に心より感謝申しあげます。同じく（株）船井メディア社長の野々垣健五氏、常務取締役の人見ルミさんには、私の仕事を、絶えず励まし、協力、指導していただきました。心よりお礼申しあげます（転載ここまで）。

……………

それにしても、なぜ多くのエコノミストや専門家たちが、副島さんや朝倉さんのように本当のことを発表しないのか、どうして楽観論を書くのかが私には不思議です。現実は大変なのです。私の知る情報や知識でも分りすぎるくらい分ります。だからびっくりしています。

と同様にマスメディアの発表にもびっくりします。われわれは、やはり真実を的確に知らねばなりませんので、あえてもう一人だけ氏名をあげますと、このお二人や藤原直哉さんの発言にはぜひ注意していただきたいと思うのです。彼らは真実を書こうとしています。

＊

ひと握りの支配者のために都合よくつくられていたと思われる従来の社会システムの数々は、変化しはじめて当然だと思われます。

(4) ポジティブ人間が増えてきた

私はよく講演をしています。著書もよく出します。月刊『ザ・フナイ』や、会員誌『にんげんクラブ』も出しています。個人としてはPR媒体を多く持っているほうでしょう。

しかし、それらの中でもっともPR効果の高いのは、ホームページ「船井幸雄.com」に書くことなのです。これは一昨年来の実績が証明しています。

このホームページのアクセス数は、少ない日でも二万を超え、多い日はその数倍にもなります。しかもすぐに反応が返ってきます。われながら、びっくりしています。

たとえば、今年（二〇〇九年）一月一二日に、次のような文章を発信しました。

＊

ポジティブ人間とネガティブ人間

毎日、多くの人が、私のところへ訪ねてきてくださいます。

去年12月の19日に、坂本政道さんが見えました。「ヘミシンクによる体脱者が知ったこれからの地球と地球人」について、いろんな話しを聞きました。

その中に、いよいよ「ポジティブ人間の時代に、地球もなりますよ」と彼から言われ、それを中心に2時間余も話しこみました。有意義でした。それからわくわくしています。

また、12月22日に中矢伸一さんが見え、「いまの大不況は、いい世の中のためのプロセスですね。日月神示やT少年の言っているとおりですね」というような話になり、これまた2時間余、たのしい一刻を過しました。自信がつき、元気になりました。

さらに12月26日には、羽生善治さんと、早朝から夕方まで、7時間くらいも話しこみました。将棋の話よりも生き方の話が中心でしたが、オールポジティブシンキングのたのしい一日でした。非常に参考になりました。

12月25日には、二十数人のお客さまと会いましたが、その中には日本一と言ってもよい人が何人もいらっしゃいます。具体的にお名前を挙げますと、

・『いきいき』編集長の片寄斗史子さん（雑誌づくりの名人）
・プレジャーグループ代表の加藤友康さん（ホテルの実践経営コンサルタントの達人）
・登山家の栗城史多さん（酸素ボンベなしの高山登山の世界の第一人者）
・人づくりの名人の苗木邦生さん（若い人たちの能力を引き出す日本の第一人者）
・大道芸人世界一の野尻博さん（クリントン前アメリカ大統領が折紙をつけた元気配達人）

などです。

考えてみれば、このような人たちとは、会うだけで気分がほのぼのしてくるのです。いうならば、彼らはポジティブ人間なんです。どんなことも肯定し、よいほうに考え、人にも言う人です。

もちろん、私のところへは、ネガティブ人間の人も多くいらっしゃいます。いまの地球人は、ポジティブ人間1人対ネガティブ人間99人の比率だと言われているくらいですが、私のところへ来る人は、ポジティブ人間8人対ネガティブ人間2人の割合なのです。

これは私がポジティブ人間であり、ネガティブ人間の人を否定はしませんが、話が合いにくいからなのでは？……と思っています。

ネガティブ人間の人は、人のいやがることを言ったり、したり、マイナス発想することが、どうも好きなようです。それは、欲求不満で自己顕示欲が強い裏返しのようでもあります。

不安を与えたり、批判をしたり、悪口もつい出てしまうようです。

人はそれぞれちがいますし、ネガティブ人間も、それなりに肯定はしていますが、彼らと話していても楽しくありません。彼らの言動を否定しないように気をつけてはいますが、やはり態度や言葉に出るようなのです。

坂本政道さんの研究では、ふつうは、なかなかポジティブ人間もネガティブ人間もその基本的な性格は変えられないようだ…と言うことでしたが、これは正しい見方のように思います。

ところで正月休みを終え、今年1月5日、6日に船井総研の全社員研修会が大阪であり、参加しました。

創業者として、2日間とも彼らにいろんなことを話してきましたが、私がもっとも強調したのは、「これからの経営コンサルタントや経営者はポジティブ人間でなければならない。いま、ネガティブ人間の人もいるだろうが、努力してポジティブ人間に変ってほしい。変ると思うからたのむよ」ということでした。

本ホームページ上や、私の著書で何度も述べてきましたが、医師や経営コンサルタントや弁護士などは、決してクライアントに不安を与えたり、心配させてはならないのです。

しかも、事実は客観的に伝えねばなりません。

そのためには「よい対処策を見つけ出さねばむつかしい」のです。

そして、そのために勉強し、経験を積み、性格をポジティブ型に変る必要があると思うからです。

これは、これからの経営者にとっても、リーダーにとっても同様なのだと思います。そして、これがこれからの時流と言えるでしょう。

私の話を聞いた船井総研の数百人の社員は分ってくれたようなので、「ほっ」としているのですが、このホームページの読者にも、ぜひ勉強し、時流を知り、ポジティブ人間として生きられるように、お願いしたいと思っています。坂本さんの研究と反しますが、否定的性格も簡単に変えられる世の中になったと思うのです。

それさえできれば、これからの不況も決して心配不要と言えるようになる、とも言えそうです。

＊

この日から一カ月くらいの間に、何百人もの方から返事がきました。

そのほとんどが「どう考えても、ポジティブ人間になったほうが人生はたのしいし、生きやすいと思えますから数年前からポジティブ化を試みていました。むつかしいところもありました。しかし一月一二日の船井先生のホームページの文章を読み自信が出ました。今日から自分のポジティブ化に全力投球をします」というようなお返事でした。

明らかに人々が変りつつあるのです。

というより人間は、もともとポジティブな存在だと思いますので、もとに戻りつつあるとも言えましょう。

あらゆる存在は時間と空間を超えてつながっている

私には、変った能力のある友人が多くいます。

動植物と話ができ、ホ・オポノポノ的に言いますと自分の本質の声（創造主の声）というか、正しい声を聞くことのできる人が何人かおります。

私の本によく出てくる、いま高校一年になったばかりのT少年や、英国人の科学者兼ヒーラーのジュード・カリヴァン博士、それに前述のヒューレン博士などです。

彼らは去年（二〇〇八年）一〇月一二日、一三日に、東京で行ないました私が主催をした『船井幸雄オープンワールド』に来てくれました。

ヒューレン博士は講師として、カリヴァン博士とT少年は、私と話したり、私の講演を聴きに来てくれたのです。つぎは、この時カリヴァンさん、T君、私の三人で話した内容の一部です（拙著『超効率勉強法』、二〇〇八年一二月、ビジネス社刊より抜粋・転載）。

＊

カリヴァン　全人類的な意識の変換が、今起きつつあります。私たちがいったい何ものであるか、というスピリチュアルな目覚めを、どのように呼び起こしていくか。

私たちは、宇宙の意志（コスミック・マインド）による単なる被造物であるばかりではありません。宇宙の意志によって創られた存在であると同時に、宇宙の意志と協働して共に創る存在、つまり「共同創造者」であるということ。このことがさらに重要なポイントなのです。

意識の研究によってわかってきたことは、あらゆる存在――極小の存在から極大の存在にいたるまで、五感で捉えられる存在から五感では捉えられない存在にいたるまで、この宇宙に存在するすべてが、時間と空間の制限を超えて互いにつながり合っていることです。つまり、私たちが頭で考えること、心の中に湧き出した感情、発する言葉、振る舞いや行動、それらはすべて、私たちを取り巻く存在に大きな影響を及ぼしているのです。

私たちは何ものなのか、という答えがそこに見い出されるでしょう。「私たちは創造する存在である」ということですね。この世界を創造しているのは、神や宇宙の意志ばかりではなく、まさに私たち一人ひとりであるという事実。私たちは、神や宇宙の意志にも匹敵する〝創造者〟である。それほど大きな力を有している存在、それが私であり、あなたである。その気付きへのサポートが、いま急激な勢いで地球に降り注いでいるのです。

船井　私はこれまで長い間、地球の人全員に目覚めてほしいという一心でした。「今だけ、自分だけ、お金だけ」の考え方は間違っていると……。どうしたらわかってもらえるだろうかと、ひとりで何年も考えて動いてきました。その挙句、といってはなんですが、昨年の三月から大きな体調の変化を経験しました。一時期は、死を覚悟したほどです。このようなつらい目に遭うのは、自分の何がまちがっていたのだろうか……と、眠れぬ夜を幾晩も過ごしました（笑）。自分の使命と違うことをしていたから病気になったのだろうか……などと考えました。

これまでは、どうにかしてすべての人がよくなるようにと努力してきましたが、どんなに努力して伝えようとしても、だめなものはだめ。興味のない人、理解しようと思わない人に向けて、いくら語りかけても徒労に終わることがある。そのことに最近、ようやく気がついたんです。

それよりも、本当に知りたい人、わかろうとする人に、的を絞ったほうがよいのではないだろうか……。そんなふうに考えが変わってきました。

冷静に見て、今の大人の男性は真実を分ろうとしない人が多く、従来の価値観を抜け出せる人はごく少数のような気がしています。女性はまだいいようです。子どもたちには望みがあります。とはいえ、いまのところ少数派です。今後どのように生きたらよいのかということに目覚めることのできた一握りの人たちの集合意識で扉を開くしかないのではないか、と正直なところ最近では思わざるをえないのです。

目覚めつつある人はたしかに増えてきていますが、世界の七〇億人近い人口の割合でいったら、本当に大事なことに気付いている人は、まだまだ一％弱ではないでしょうか。大半の人は、目先の利益、自分のこと中心にしか考えない。今がよければそれでいいと、行動しています。悲しいことですが、それが現実です。

そういう集合意識、「今だけ、自分だけ、お金だけ」という集合意識に焦点を合わせている時期は、もう過ぎようとしていると思います。これからの方向性の正しい舵《かじ》をとる時間は、どんどん残り少なくなっています。状況は切迫している。そのような悠長なことをしている暇は、もうないと思うのです。

カリヴァン　おっしゃるとおり、今は大変重要な時期です。私のガイドスピリットからも、今年は非常に重要な変化の年になるだろうと聞かされています。

私たちはつながった存在であり、協働して共に創造する存在であるというスピリチュアルな認識を、地に足をつけて、いかに実生活に役立てていくか。

日本のみなさまは歴史的にも、非常に深遠な、スピリチュアルな遺産と伝統をお持ちです。「ここで」「今」、あなたはどのように存在するのか? そのあり方が問われています。

人類的危機という、まさに分岐点に立たされている現在、このような気付きをもっと多くの人に広げ、意識の拡大を起こすことが、次の時代への抜け道となることでしょう。

混乱的現象が、あたかも大海の表面に立つさざなみのごとく、見られます。しかし大事なのは表面に見える混乱のさざなみではなく、大海そのものであり、注目すべきは海の奥深くを流れる潮流のほうです。表面の混乱に目を奪われすぎずに、本質では何が起きているのか。従来のあり方や考え方は脇に置いて、新しいビジョンのほうに向かっていきましょう。

もちろん、古いやり方や価値観に縛られ、それらを手放す恐れが強すぎるあまり、新しい潮流に乗れない人も出てくるかと思いますが、大きな変革があるときには、これまでの価値観では対応できないことが次々起こってくるものなのです。

ユニヴァーサル・ハートの光

船井　私の知っている少年で、「天使」のような存在の少年がいます。彼は植物や動物と話ができる。見ただけで、その人の霊格（本質のレベル）がわかる。彼は、地球とは別のところにいるという私の本体（？）から私への連絡係をしてくれているようです（笑）。もちろん私には、地球と別のところに私の本体があって、そこで何をしているかなど全くわからないのですが……（笑）、その少年が私に、「地球外のその場所で、あなたの本体から、こんなことを教わりました」と教えてくれるのです。彼は、本当にいろいろなことを教えてくれる。あちらの世界では、私が彼に教えているそうだが、こちらの世界では、私が少年からいろいろ教わっています（笑）。

カリヴァン　お互いから学び合っているのですね（笑）。

船井　カリヴァンさんも、植物や動物と話ができるそうですね。

カリヴァン　私が四歳のとき、光の存在が現れて、私にいろいろなことを教えてくれるようになりました。そのガイドの指導を受けて、植物や動物と話したり、銀河系の生命体と長い年月コミュニケーションをとってきました。私が動植物とコミュニケーションするときには、言葉は使いません。心を使って、「愛」という言語で話をします。
love（愛）という言葉は、live（生きる）という言葉と、綴《つづ》りが一文字しか違いません。また、liveを反対から綴ると、evil（邪悪）という単語になります。愛は、スピリチュアルな「いのちと人生」であり、邪悪は、スピリチュアルの死を意味します。このように、真理はたいへんシンプルなのです。

船井　カリヴァンさんは、もともとは優秀なビジネスウーマンだった。私は、まずそれが気に入りました（笑）。ビジネスの世界とスピリチュアルの世界の両方を理解できて、実際に成果を上げられる人は、そう多くありません。これは私の体験上の結論ですが、カリヴァンさんは、両方のできる人だと理解できるので、いっそう親しみを感じたのです。

カリヴァン　ところでTさん、あなたは「天使」のような、すばらしい存在ですね。会った人たちの霊格がわかるそうですが、ちょっと話したいです。
あなたはどのように霊格を見分けるのですか？

T少年　胸と喉《のど》の間の位置から光が広がっているのが見えるのです。人によって、その光の色が異なります。色だけでなく、光の大きさや、色の透明度、澄みきった明るい色合いとか、濁ったりくもったりした色合い、というふうに違いがあります。

カリヴァン　そうそう、まさにそのとおりです（笑）。

胸と喉の間のその位置を、私は「ユニヴァーサル・ハート」（Universal Heart、すべてを含む宇宙的な心）と呼んでいます。青と緑の中間のような色、ターコイズ（トルコ石）色のその場所からは、たしかに光が出ていますね。個の意識が全体の意識とつながっているところ、それがユニヴァーサル・ハートです。愛を持っているときには、そこから発せられる光はとても大きくなり、恐怖を持っていると縮まってしまいます。

船井　そういえば、病気がひどかったときには、私のその光が小さくなったとT君から言われました（笑）。きょうは大きいらしいのです。この少年は本当にすばらしいでしょう？　私はこのT君が大好きなのです。

カリヴァン　本当に！　そのとおりです！　このような若い人に出会えたことを、私は心からうれしく思います（笑）。

生き方のポイント

船井　これから世の中は急速に変わると思います。それも、良い世の中になるために、大きな混乱が起きる可能性が高くなっているように感じられます。もしそれが現実となった場合、その混乱をどう生きたらいいか？

カリヴァン　アインシュタインは、科学者としてすばらしかっただけでなく、平和への意識も高い人でした。彼が言った言葉に、次のようなものがあります。「ある問題を解決するのに、その問題と同じ次元の考え方では解決できない。問題を発生させたのと同じ集合意識のままでは、新しい解決法は見付けられない」と。

私たちは宇宙において単に「創造されたもの」であるだけにとどまりません。この現実というものを、共に創造している存在だということを思い出してください。このことを思い出すことによって、ユニヴァーサル・ハートが開かれてきます。そうすると、私たちは一つになることができるようになるのです。

恐怖に閉じこもることなく、愛の次元に自分を飛翔させてください。混乱や滅亡といったことに意識の焦点を合わせるのではなく、協働して創造する者として生き抜く道を選んでください。恐怖の次元から選択するのではなく、愛の次元から選択してください。

船井　T君によると、今日、このオープンワールドに来てくれている人たちには、霊格の低い人は一人もいないと言っていました。私はこの言葉を聞き、とてもうれしかった。この人たちの前では、本当のことを思う存分話せると思います。

カリヴァン　この時代において、日本のみなさまが担っている役目は大きいと私は思います。日本人は世界的な存在で、平和を作り出す素質があり、スピリチュアルなものを融合させるのに長《た》けているのです。きょうはその中でも特にすばらしい人が集っています。日々、どのように生きていくか？　これまでに現れた古今東西のスピリチュアルな師が言ってきたことですが、最もシンプルな言葉を申し上げましょう。

あなたが抱くすべての感情、すべての考え、あなたの発するすべての言葉、すべての行動において、あなたが人からしてもらいたいように、人にしてあげてください。自分が扱ってほしいように他のあらゆる存在を扱ってあげてください……というようなことを話してください。

植物、動物、大地の守護神、祖先たち、天使たち……これらすべてと一緒に、協働して、これから創造をしていきましょう。（以下略）

＊

絶対に言ってはならないことがある

この対談をした二〇〇八年一〇月一一日、一二日は、「船井幸雄オープンワールド会場」には、一万五〇〇〇人以上の人々がお越しになりました。カリヴァン博士もT少年もヒュー・レン博士も、参加者の九九・九％が「ポジティブ人間だ」というのです。これはうれしいことです。

今年になってから「にんげんクラブ」の西日本大会（二月一四日福岡市）、関東大会（四月四日東京都）をやりました。六月二七日は仙台で北日本大会、九月一二日、一三日はパシフィコ横浜で全国大会、一一月二八日には京都で関西大会をやりますが、ここに集まる人々を見ていますと、私の周辺だけかもしれませんが、人々が急速にポジティブ化していることが分ります。読者の皆さんもぜひご参加ください。

多分、これは世の中に急速に伝播して行くでしょう。

これは、つぎに書く「絶対に言ってはならないこと」を言う人が、減りつつあるともいうことです。つぎに紹介するのは、柳下要司郎編の『超人船井幸雄の「不思議」をしっかり視つめるとホントの情報がみえてくる』（二〇〇九年六月一日、あ・うん刊）の中に紹介されている、私のホームページの文章とそれへの柳下さんのコメントです。ご一読ください。

＊

◆絶対に言ってはならないこと（前記の柳下さんの編著書より）

（これは二〇〇八年一二月九日の船井さんのホームページの文章です。）

ここ三年くらい前から、折にふれ言ってきたことに、医師、コンサルタント、弁護士など、弱者から相談を受けることを職業としている人が、絶対に言ったり書いたりしてはならないことは、「相手の人を脅したり、不安にさせたり、心配させたり、マイナスの発想をさせることである」……という禁句についてでした。

これは共著を書くために安保徹さんと話していた時に教えられたことで、「一流の医師と、そうでない人の見分け方」と彼は言いました。

たしかに、そう言われて私の知人を見ると、経営コンサルタントでも一流と言われる人は、決して、これらの禁句を発しないものです。

私も四〇年くらい、相談者（クライアント）には、元気づけても、がっかりさせたことは一度も言ったことはありません。他者の批判や悪口も言いません。

これは易者や霊能者にも通用すると思いますし、そのうえ、同業者や他人の悪口を言わない人は「超一流」と言えるな……と思っていますので、それらのことをいろんなところで話したり、書いたりして来ました。

それ故か、私の前では、たいていの人は他者の悪口を言いませんし、人から相談を受けた場合、被相談者に不安を与えるようなことを言う人もいなかったのです。もちろん最近二、三年のことです。

ところが先週、私の目前で、ある医師が、同業者の医師のやり方を批判し、悪口を言い、相談にきた患者さんを不安に陥れる現場に出合いました。

私は、その医師を信頼できる立派な人だと思っていただけに、その時は本当にびっくりしました。

その患者さんも、私の知っている人でしたので、私は「一人一人の医師の言うことに一々悲観していたら、病気なんてよくなりませんよ。あなたのやっている治療法を認め、ほめ、元気づけてくれる医師が世の中には多くいるはずですから、そういう人と付きあえばいいのですよ。たとえば私の親しい人では、安保徹さんや矢山利彦さん。歯科医なら村津和正さんや矢田浩章さんは、どんなことがあっても、患者には不安は与えないし、安心させてくれますから、よろしければ私が紹介しますよ」と言っておきましたが、ともかく私もびっくりするとともに、「人を見る目がなかったなあ」と反省しました。

一一月一四日と一一月二一日のこのホームページで「名医や良医」のことを書いたのですが、あらためて、もう一度まとめてみます。

名医や良医というのは、常に患者の立場になり、心をこめて対処してくれる上、

①どんなことがあっても患者を安心させてくれる人。

②圧倒的に実務経験の多い人。心底から自らの治療法に自信を持っている人。
③正攻法で、根元からの治療を必ず考えてくれている人（応急処理などは、必要最低限でとどめる人）。
④患者に治療法を説明し、納得させてくれる人。
⑤常に謙虚な人。
⑥検査装置や診断装置に頼るのはいいが、それだけでなく、人間的に問診や触診などもしてくれる人。指テストや前屈テストで患者にいい薬などを必ずチェックしてくれる人。
⑦患者の体を部分的に診るのでなく、総合的に診てくれる人。
⑧なるべく薬を出さない人（指テストでみると、現状レベルでは患者さんの体によい薬は五〜一〇％くらいです）。
⑨人相がよく、決して同業者の悪口や批判を言わない人。

……と言っていいと思うのです。

まだまだ条件はあると思いますが、この九カ条くらいにすべて当てはまっている医師なら大丈夫でしょう。

これは経営コンサルタントや易者、霊能者、風水師、弁護士などでも同様です。大ざっぱな見方ですが、相談に乗ってもらってもいい人の条件として、充分注意してこのような先生業の人と付きあってください。

【柳下氏のコメント】

船井氏も安保氏も異口同音に言っている「人の悪口を言わない」という名医・名人・本物の条件は、あらゆる場面に通用すると思う。

たとえば、何か困った事態が起きたとき、すぐ人のせいにする人、自分は悪くないと言い張るような人は、まず名人や本物の中にはいない。

自分に確かなものがなくて自信のない人ほど、被害者意識や自己防衛本能が強く、他人に追求の矛先を向けようとするのだ。

また先に、「気の持ちように勝る良薬はない」と述べたが、まさに、気を楽にさせ、安心感を与えることは何より大切なことである。名医や名人とは、そうした根本的な人間の大原理を理解し、実践できる人ということなのだろう。

＊

病院経営者たちにもポジティブ志向者が増えた

ここでもう一言付け加えます。

「船井幸雄の病院経営道場」という病院経営者向けの勉強会があります。毎年、新しいメンバーで行ない今年度は一二年目ですが、毎月勉強会をしています。今年度は約四〇人の病院経営者が勉強中ですが、彼らはポジティブ志向で病院経営を行い、好業績をあげています。一〇年くらい前は、ほとんどの病院経営者（医師）がネガティブ志向だっただけに、この変化に私自身がびっくりしています。

「世の中」はいま、このように「有意の人々」が変ることにより、急変化しつつあると言っていいように思われるのです。

(5) その他

まず、ヒューレンさんやジュード・カリヴァンさん、T少年などのことを、超実務家で現実主義者の私が紹介できるようになりました。

また「日月神示」が、大きな拡がりを見せています。

ジュード・カリヴァンさんに「日月神示」解明者の中矢伸一さんを紹介したところ、二人は考え方までほとんど一致しているもようで、肝胆相い照らす仲となったようです。近々、徳間書店から共著が出るとか？　うれしいことです。

さらに、私の周辺では「聖書の暗号」が話題になりはじめました。

二〇年前、天才超能力少年といわれた清田益章さんが、意識でスプーンを折るとみんながびっくりしましたが、そのことを講演などで話すと、多くの人から白眼視されたものです。よく雑誌などに「オカルト好きの船井」などと批判記事を書かれたものでしたが、いまではわれわれの「思い」が、物質にまで大きな影響をおよぼすことを、多くの人が認めはじめました。

これも世の中が変わり、最近では人の想い（思い）が実現しやすくなったと言ってもよいことの証拠のひとつでしょう。

第三章

なぜ未来は九九・九%以上も決められていたのか？
その未来が、なぜ人間によってよいほうに創れるようになったのか？

本書の第一章で述べましたように、三〇〇〇年余り、というよりもっと前から、つい最近までの「世の中」で生起することは、九九・九%以上は決められていたと言ってもいいように思います。

もちろん、現在でも九〇数%以上の確率で、人類の運命もわれわれの生涯も、決められたとおりに動いているようですが、第二章で述べましたように、最近、われわれの意志によってまちがいなく、決められていたことが変更できるようになったと思われます。

本章では、その理由を考えてみたいと思います。

暗号が外れはじめる時期は二〇一五年以降(?)

私は、「聖書の暗号」を創った存在は、本書の一、二章で書いたことを充分に知っており、それを二〇世紀末に人類に知らせ、スムースに正しく人類が世の中の大変革に対応できるようにするために、モーセ五書を送り出してくれたんだと思っています。

ただ私に「聖書の暗号」のことを教えてくれたIさんは、私と多少は意見を異にし、私への手紙の中で、つぎのように言っています。

暗号が外れはじめる時期は、暗号上では二〇一五年以降となっています。この時期から現在の未来が決められた自由のない世界から、自己責任で運命を変更できるルールに変るとされています。

＊

現在までの聖書の暗号の状況ですが、今回見つけられた聖書の暗号の解析ルールの分らなかった時代と、何か書いてあることが分った時代に分かれます。

ドロズニンさんが本を書いた一九九七年ごろには、リップスさんをはじめとする方々の努力で、自然発生確率を超えて何かメッセージが書かれていることが明らかとなりました。彼らはこの時期よりも古い時代の事実を暗号を使って調べていますが、事実が外れるという問題があったとは書かれていないと思います。

未来については、この時点では暗号解析ルールが見つかっていなかったので、彼らがキーワードに感じた物を選び出す所までしか出来ませんでした。そのため、本来のメッセージの一部分しか読み出すことが出来ず、その結果解読が全く中途半端で解読結果が外れる事になりました。

現在判明しているルールの立場で、彼らが解釈を間違えた部分の解析を行うと、最後の審判や原爆によるホロコーストの部分に代表されるように、未来のメッセージが出てきます。そこに書かれていることは、多くの選択肢であり、本来の可能性です。この意味ではまだ外れたメッセージを私は目にしておりません。……と。

＊

Iさんの言は、それなりに正しいのだと思います。彼は慎重な人で、いいかげんなことは言わない人です。

ただ、Iさん活用のソフトでも、去年の九月一三日から一五日に、日本か中国で大地震がおこるというメッセージがありましたが、現実にはおこりませんでした。

これについてIさんは、つぎのように説明してくれました。

「九月一五日におきたことは、リーマンの倒産でした。地震のコード上にどの様に表現されているかを調べたのですが、テロを抑えるために、日本や中国の地震以外にリーマンが倒産する選択肢もあると出ていました」と。

このIさんも二〇三〇年を過ぎると、多分、人類の未来は、人類によって創って行くことになるだろう……という意見を持っているように思えます。

というより、二〇一五年以降は、暗号上でも、「暗号が外れはじめる」と出ていると言っています。

いずれにしましても、これからの人の世は、「だれかによって決められていたのが、さまがわりして人間によって創れるようになる」のは、まちがいないようです。
なぜでしょうか?
いろいろな理由が考えられます。
ここでは、考えられる主な理由を三つに絞って述べてみます。

(1) すべては効率的に生成発展するようにできている

まずは何十年か研究して創った私の仮説です。それは、世の中は「調和をとりながら、すべてが効率的に生成発展するようにできている」と思えるということです。この仮説の大前提からしますと、人類を管理(?)している立場から見ますと、いままでの人類はレベルが低く、自由に委せておけなかったからではないかと思うのです。自由に好きなように人間に任せると、調和は壊しますし、非効率な生き方をするだろうし、生成発展どころか後退すらしかねないくらいのレベルだったからだ……と思えます。事実、現在の環境破壊や戦争、あるいは「自分だけよければいい」というエゴの強すぎる生き方を見ていますと、全面的に自由に人間に任せられないというのは、分るような気がします。

そこで、地球や地球上の人類の生き方に責任を持っている存在が、強制的に人類の歴史や個々人の生涯まで決めてしまっていたのではないか……と考えることができます。ひとつの仮説です。

しかし、この仮説には、一つの大きな難点があります。

二〇〇〇年前後から、人類のレベルが急速に高くなったとは、私にはどうしても思えないという疑問です。

とはいえ、レベルの高い人もかなり出てきたからと、考えられないこともないな……という思いもあります。これは首をひねっている仮説です。

(2) 宇宙はパラレル・ワールドで、すべての可能性が並存する

坂本政道さんが最近言いはじめたパラレル・ワールド説は、ご存知の方も多いでしょう。拙著『二〇〇九~二〇一三　資本主義崩壊最終ラウンド』では、その説明をつぎのようにしています。

まずは坂本説を紹介しましょう。彼は、次のように述べています。

「バシャールによれば、宇宙はパラレル・ワールドになっていて、すべての可能性が並存する。あらゆるシナリオが存在する。その中のどれを自分が体験するかは、自分がどの

シナリオに共鳴するかで決まる。

ポジティブに考えポジティブに行動する人は、ポジティブな地球へと移っていく。逆にネガティブに考えネガティブに行動する人は、ネガティブな地球へ移っていく。

明らかに異なる地球がいくつも並存するのだが、二〇一二年から先はポジティブな人ばかりいる地球とネガティブな人ばかりいる地球とに、数十年かけて次第に分離していく。

二〇一二年に突然大きな変化があるというのではないという点がポイントだ。ゆっくりとした、でも着実な変化ということだ。その数十年の間に、これまでの政治、経済、社会など、我々が慣れ親しんできたシステムが崩壊していく。そして新しいものに置き換わっていく」と。

それに対して、私はつぎのように解説しておきました。

パラレル・ワールドというのは、並行してさまざまな世界が存在するという状況です。そして、どの世界に行くかは、坂本・バシャール説によりますと、自分がポジティブなのかネガティブなのかによって決まって行くということなのでしょう。

そして、ネガティブな世界では巨大隕石の落下で人類が絶滅することもあり得るし、ポジティブな世界ではすばらしい未来が開けている、ということだと思います。どちらの世界に行くかは、その人の心の持ちようでちがってくるというのです。

この狭い地球の三次元世界で、そのようなことがおこる可能性については、私は少々疑問を持っています。ただし、リサ・ランドール説が正しいとすれば、パラレル・ワールドの可能性はあると思います。

(3) 九九%以上の人は性善的存在でありポジティブ志向型

「闇の勢力の本体」が去ったということが、「聖書の暗号」として出ていると、Iさんが教えてくれました。このことにつきましては、本書の第二章で述べました。このことが「聖書の暗号」に出ているのは、私も確認しました。

そして私は、ここに答えがあると思っています。

私は一人の人間ですから、人間のことはよく分ります。さらに長年、客観的に人間について調べてきました。

特に悩んだのは、人の性は「善」なのか、それとも「悪」なのか？　あるいは「善にも悪にもなれるのか？」ということです。

そして悩んだ二つめは、人間は思考的に「ポジティブ志向なのか、ネガティブ志向なのか？」ということです。

私自身は、本質的に「性善説」で生きてきましたし、「ポジティブ志向」人間です。とはいえ、多くの人を表面的に見ると、果してどうだろうと答えが分らなくなります。とはいえ、仕事がら、経営者や、世の中のリーダーといわれる人たち一万人余と、腹を割って親身の付きあいをしてきました。その間に、答えが分ってきました。

一〇〇%とは言えませんし、例外もあると思います。しかし九九%以上の人は「性善的存在」であり、「ポジティブ志向型」だと思うのです。

以下は、月刊『ザ・フナイ』二〇〇九年六月号の巻頭言の私の文章です。これは私の本音です。ご一読ください。本書のことも書いています。

＊

われわれの本質は、「性善ポジティブ型」

最近、ショックを受けた経済書が二冊あります。経済のことは私も分るから、ショックでした。しかも二冊とも、私がもっとも信頼し、好きな人の書いた本だから、より大ショックだったのです。

一冊は、二〇〇九年四月三〇日に徳間書店から発刊された副島隆彦さんの著書『日米「振り込め詐欺」大恐慌』です。

もう一冊は、朝倉慶さんの新著で、題名は『恐慌第2幕』（二〇〇九年五月、ゴマブックス刊）です。

この二冊からは、いろいろ教えられました。私の知らないことが、かなり書かれています。

お二人の人間性、能力から考えても、この二冊に書かれていることは、ほとんどが真実だと思います。しかし私の良心から言いますと、「信じたくないこと」が、つぎつぎと出てくるのです。

いま、資本主義が断末魔のあがきをしている現状から考えて、我欲と金銭欲のかたまりとなった頭のよい（？）人間が考えたり、やることというのは……と考えると、私でもお二人の本の内容は否定できなくなります。だから信じたくないけれど、両書には大事な真実が述べられていると、私は思うことにしました。そのほうが、最近の経済事情がよく理解できるからです。

というのは、私のところへ入ってくる他からの情報でも、あるいは私の経験や知識などからも、信じるほうが、否定するよりも、はるかによく辻褄《つじつま》が合うからなのです。

ですから、この二冊の本を読まれた人の多くも、人並みに経済知識がある人なら「まさか？」と思いながら「そうだろうな」と、思わず肯定する人が多いのではないかと思うのです。

私は、われわれ地球人の本質は「性善説存在」だと信じています。そういう目で見ていますので、できれば、どんなこともよいほうに肯定して解釈したい……と、多くの人は思っているように見えます。

しかし、人間社会では我欲がどんどん強くなり、そこから出てくる社会システム内で、人々はよりエゴ至上的な生き方をするようになってきました。その結果、人間の本質の心＝良心が麻痺する人たちが増えはじめ、そのような人がリーダーになり、社会システムを創り、動かすようになってきたのだと思えます。そのため、政治、経済などの面では、人に対して「性悪説」「ネガティブ発想」でないと対応できなくなり、それが常態となったのが現状と言えそうです。

とはいえ、本来は、人間はやはり「性善説存在」「ポジティブ的存在」のようですから、いまの支配者は、自分たちの考えていることや、行っていることを「世の中」や「大衆」に対してカモフラージュしようとします。これが悲しい現実でしょう。

いま、ありがたいことに、このようなカモフラージュが不要な時代が訪れつつあるようです。それを詳しく解説したのが、拙著『二つの真実』（二〇〇九年七月、ビジネス社刊予定）です。いよいよ地球人が、本来の性善説思考で人に対し、ポジティブ発想ですべてに対処できるようになりそうです。同書にご期待ください。

そしてそれは、いま「性悪説思考」や「ネガティブ発想」で生きている人たちをも必ず喜ばせると思えるのです。なぜなら彼らも地球人ですから。これはうれしいことですね。

＊

それでは地球人の本質が「性善ポジティブ型」と思えることを、少し掘り下げて考えてみましょう。

①環境次第で人間の良心は麻痺する

教育や訓練、環境などで、人間の良心や心は、一時的に麻痺させ得ることができるようです。

われわれの良心は「人を殺してはいけない」「自分も絶対にできるだけ生きるべきで、自ら死を選んではいけない」と知っているはずです。これは人として生れた以上、本能とも言える「絶対」のものだと思えます。

しかし、戦争になれば、敵を殺します。多分、原爆を投下したアメリカ軍の兵も、戦争中にわれわれ民間人を機銃掃射で追っかけ回したアメリカ軍の戦闘機のパイロットたちも、その時はあまり良心に痛みを感じてはいなかったでしょう。さらに、時と場合には、自らの死も怖れなくなるようです。

具体例を挙げて説明しましょう。

最近、私はよく知っている人の書いた本を、つづけて三冊読みました。

一冊めは、私の知人で貿易会社を経営していた野々垣邦人さんの『大船日記』です。

野々垣さんは一九二九年生れで、二〇〇八年に故人になられた人です。戦争中、甲府の中学生だった彼は、大船の燃料廠で、一九四四年一〇月一七日から終戦の日まで軍需物資をつくる作業に当っていました。当時の中学生のほとんどは、強制的にこのような仕事に従事させられていたのです。この日記は一九四四年一〇月一七日から四五年八月一九日までのものですが、当時の中学生が、どのように過したかが、その時点での気持ちとともに実によく分ります。

この日記は、毎日、検閲を受けたものだろうとは思うのですが、私とは年齢が近いし、当時の事情が分るだけに、感慨深く読みました。

二冊めは、教育学者で右脳開発の権威だった七田眞さんの終戦時からの自叙伝です。彼は一九二九年生れで、惜しくも二〇〇九年四月二二日に亡くなられましたが、この本は小説の形をとっており、今年四月一五日に、七田眞著『魂の遍歴―七海弘志の青春』という題名で文芸社から出版されたものです。私は七田さんとは親しく付きあってきました。

彼は中国で終戦を迎え、その後、日本に引きあげてきたのですが、初恋を含め、この本を読んで、私も中学時代を思い出しました。敗戦の混乱など、当時の事情が分るだけに、天才・七田眞さんの青春が哀愁を誘いました。

三冊めは、一九二三年生れの粕井貫次さんによる一九四三年から終戦直後までの自叙伝で、『雲流るる果てに』（二〇〇九年五月二一日刊）という題名の本です。粕井さんとは長年、仕事で親友以上の付きあいをしてきました。彼は海軍特攻として特攻隊員の生き残りであり、一九四五年八月一〇日には「出撃三〇分前」の命令が出て、死を覚悟したようですが、敵艦隊が見つからず命拾いをしたようです。そこのところを、以下に転載します（原文のままです）。

★日南沖に敵艦艇接近

われわれの所属する第五航空艦隊の司令部は第一国分から大隅半島を南へ約三五キロの鹿屋基地にあった。そこからは戦局の推移に応じ、出撃態勢の命令が出されていた。

八月十日の昼前、司令部からの命令。「敵艦艇ガ日南沖ニ接近シツツアリ、乾龍隊ハ直チニ特攻準備、出撃三時間待機ニ入レ」。

当日の出撃予定は十二機。指揮所には既に当日の出撃要員が貼り出された。かねて予定されていた通り私は指揮官であり、一番機の機長兼操縦員、後席の偵察員は三重県尾鷲出身の野地二飛曹であった。「ああ終に俺にも順番が来たか、潔く死に花を咲かそう」と、割り切った気持ちになっていた。

ところでその後、六十数年を経た今日、その時の切迫感がなぜか鮮明には蘇ってこない。出撃命令が敵情によって緊急に発令されただけに、改めて遺書を書く時間のゆとりもなかった。

ただ日ごろの部下への言動に対し、指揮官として恥じない行動をしたいという自尊心と責任感はいっぱいであった。そして焦燥感と成功への不安感などが交錯し、時間が刻々と経過していった。

突如「出撃三時間待機ヲ三〇分ニ変更、攻撃目標ノ所在ハ索敵続行中」の命令。もちろん出撃機十二機には二五〇キロ爆弾が既に搭載され、エンジンはいつでも発進ができるよう暖気運転を継続していた。

このときの状況を同期生の古澤龍介中尉が戦後に語ってくれたことがある。彼は私よりも七歳年上の親友で戦後に私達夫婦、弟夫婦の仲人もしてくれた毎日新聞記者ＯＢ（故人）。古澤家の跡取りだったせいか、この日出撃の搭乗割にはなかった。彼が語ったところによると、「燃料をどれほど搭載しますか」の整備員の問いに対し、Ｓ大尉が「半分でいい」

と答えたとのこと。彼はこの言葉にひどく憤慨していた。

その理由が燃料満タンの過々重飛行への心配か、どうせ片道特攻攻撃のため半分の燃料で十分なのか、今もって真相は分からないままである。

「出撃三〇分待機」となると、さすが指揮所は重苦しい空気に包まれ、誰も口を開かず、じっと時間の経過を待つばかりであった。ニュース映画に出てきたような出撃に際しての劇的なお別れの会場つくりなども全くなかった。

戦後、その当時の同僚、部下達と会う機会が何回もありながら、なぜかその時の話になると、みんなが余り語ろうとしない。十年くらい前、国分飛友会（国分海軍航空隊で訓練に従事した甲飛十三期の練習生及び教官・教員の会）での集いでも問いかけたが、当時の様子について、出撃メンバーの確かな名前がはっきりせず、誰もの記憶があいまいであった。

人間というものは、とりわけ精神的な極限の心理状態については思い出したくないのか、記憶が薄れるのかもしれない。

司令部から索敵機の情報が入らないまま時間が刻々と経過し、あたりに夕靄が漂い始めた。雲量は一〇、雲高は五〇〇くらいか。そして今にも雨が降り出しそうな雲行きとなってきた。

月明かりのない海上を少なくとも一五〇キロ彼方の日向灘への飛行。そして弾幕下をくぐって敵艦艇への突入が果たして正確に成しうるのか。一発必中を果たしうる技量が部下達にあるだろうか。天候と時間の経過を見ながら、不安と焦燥感が広がりつつあった。

そのとき伝令が飛び込んできた。「出撃中止、攻撃三時間待機ニ戻ス」。聞くところによると、索敵機がその後の敵艦艇の所在を確認できず、また乾龍隊の操縦練度ではこの天候と時刻下において、戦果につながる攻撃が無理という判断とも推察される。そして間もなく「出撃待機解除」となった。

それから五日後の八月十五日の正午、玉音放送があるというので、官舎のラジオの前に士官達が集まった。そして聞きとりにくい天皇陛下の玉音放送を傾聴した。たいそう聞きにくかったが「どうやら日本が負けたらしい」。全身からスーッと力が抜け、頭も体も空ろになってしまった。

かくて私は、今日まで命を永らえることになったのである。

*

以上のとおりです。この三人の本の内容は、私には実によく分ります。

当時の中学生から二五歳くらいまでの志願をして軍人になった純な日本の若者のほとんどは、天皇陛下のために、また国のために死ぬことを、その瞬間や直前には、案外平気だったように思います。それが正しいのかまちがっているのかは別として、人というのはそのような存在のようです。

それが教育や訓練、そして環境のせいであったように、私には思われるのです。というより、人の心や良心は、一時的に麻痺することが、私は自分の経験や、これら三人の本、特に粕井さんの本から、実によく分かるのです。人とは時にはこんなあやふやな存在になるようです。

しかし、彼らの九九％は敗戦を機に、人としての良心と心を取り戻しました。「何が正しいか」にすぐに目覚めました。これもまた人だからでしょう。

人とはどうやら、このようなすばらしい存在のようだと思います。

②人間は本来、陰謀や策略は好きでない存在

これから述べることは私の主観ですから、まちがっているかもしれません。

まず結論から述べます。私は、人間というのは「本来、陰謀や策略は好きでない存在だ」と思うのです。また、「秘密は、ばらしたいし、言いたいことをできれば言ってみたいと思っている存在だ」とも言いたいのです。

少し私ごとを書きます。

私は「約束を破る人」「恩義を忘れる人」は大嫌いです。「平気でウソを言う人」も嫌いです。そのような人は「まともな人ではない」と思っています。だから、以上の一条件以上を充たしていると分った人とは付きあわないようにしています。しかし一見しただけでは分りません。

あとは、できればネガティブ発想人とは付きあいたくないと思っています。

とはいえ、こちらのほうも会って話してみないと現実には分らないので、いまのところ、現実にはいろんな人と付きあっています。

日本人でも、皇族や大臣、経営者や学者、官僚や弁護士、医師やサラリーマンなどから、暴力団員や前科のある人、新聞紙上でよいほうはもとより悪いほうで話題になった人にも友人がいます。私は人との付きあいで、ほとんど差別ができない人間です。だから大社長にでも子供さんにでも、同じように付きあってしまいます。

それゆえ、たとえば本書に名前の上った人はもとより、私の付きあう人はすべて善人で信用できる人だ……などとは思わないでほしいのです。

と言っても、おおむね、付きあっているのは良い人たちだと思っています。

私は、「約束をきっちり守り、恩義を忘れず、しかもストレートに言いたいことを表面は別にして、本当はポジティブシンキングで謙虚に言っている人」が大好きなのです。具体的に名前を挙げますと、評論家兼著述家では副島隆彦さん、ベンジャミン・フルフォードさん、朝倉慶さん、中矢伸一さん、太田龍さんなどが大好きです。

いま私の机の上に、前記五人の最近の著述や発言している雑誌などがあります。

まず副島さんですが、月刊『にんげんクラブ』の二〇〇九年六月号の二ページから一三ページは、彼へのインタビュー記事です。『三国志の「義」の思想から考える日本人の思想』という題名のインタビュー文ですが、これはすばらしい内容です。数回読み返しノートにポイントをメモしました。そこには私のことも出てきます。「王」「官僚」「民衆」の本質から「神道」「儒教」「仏教」「ユダヤ教」「道教」そして「六法全書」や「冠婚葬祭入門」まで、副島式で見事にとらえていますし、その言は実によく分ります。彼は私（船井幸雄）につきまして、つぎのように言っています。

とりあえず、その前後の文章を紹介します。

＊

「君子の交わりは水の如し」などと言いますが、君子は、民衆を馬鹿にしている。民衆・庶民は、小人で、つまらない人間です。簡単に言うとアホだと見なしています。再度言いますが、聖人とは誰かというと、欧米のセイント（聖者）ではなくて、皇帝のことです。皇帝とは、人殺しの大親分、強盗の大頭目のことです。だから聖人・君子の支配者の思想である儒教の教えというのは、悪い思想です。「論語」の中には、「君子であるお前たち優秀な人間は、これこれこのようにして下賤な民衆を管理、支配せよ」とずっと書いている。だから私は儒教が大嫌いです。今の中国の民衆の大半も、儒教には見向きもしないでしょう。官僚たちの思想だからです。

日本人の「誠」の道について

副島…ですから、道教が最も民衆にとって受け入れやすい、自分たちの願いにかなった、優れた宗教（思想）だと思います。ですから、私は、船井幸雄は、生まれながらにして道教の導師であり神様なのだと、四年前に「私の船井幸雄論」で書きました。それは私と船井先生の対談本である『昭和史からの警告』（ビジネス社刊）の巻末に収められています。お読みください。日本全国の所謂店主たちや中小企業の経営者たちにとって、船井幸雄は、生まれながらの自分たちの先生であり、大黒様、布袋様なのです。私には、このことがよく分かります。

江戸時代の中期、一七三〇年くらいに、富永仲基という町人の思想家がいました。大阪（当時は、大坂と書く）の大商人の息子で、三一歳の若さでなくなっています。この人の書いた「出定後語（しゅつじょうこうご）」という本がとてもすばらしいのです。彼は、「神道、仏教、儒教、これらはすべて良くない。間違いである」ということをはっきりと書いています。仏教はインド人の思想だ、インド人というのは肌の黒い人たちの思想だ。儒教は中国人の思想だ、なぜそれらの外来思想を日本人である我々が過度にありがたがるのか。おかしいではないか、と書きました。加えて、神道もおかしい。本当は道教ではないのかとまで臭わせています。富永は大きな真実が分かっていた天才です。富永は、それらの思想に対して、日本には「誠の道」というのがあって、人間は正しく商売をやって、まっとうに利益を出して堅実に暮らしていくべきだ、それが正しい思想だ、ということを、一八世紀に書いているのです。さすがは商人の生まれの思想で、立派な人だったろうと思います。この思想こそが、丁寧にものづくりをして、世界に優れた商品を売り繁栄してきた日本人のいちばん優れた思想でしょう。松下幸之助もこういう人だったと思います。

ですから、私は、船井先生は、お生まれは神道の神主のお家ですが、神道（特に、吉田神道）は、本当（本体）は、道教ですから、当然、道教の導師だと思います。大黒様か、布袋様の生まれかわりだと思います。老荘思想の持ち主で、私に直接、仙人の思想の本髄を教えてくださいました。私もできることなら、仙人になりたい。仙人は、悟っている必要はなく、俗世間にも平気で顔を出し、日頃は山の中に住んでいるが、実に泥臭い、世俗的な神様です。私は、風水師か、陰陽師か、仙人に、今からでもなれるものならなりたいです。風水も、陰陽道も易学も、もともと道教の思想です。

――船井が道教の神様の生まれ変わりですか? 面白いですね。そういう副島先生は、不動明王の生まれ変わりかもしれませんね(笑)。

副島…不動明王ですか。不動明王というのは、インドで生まれた、軍事の神様ですね。大日如来(悟りを開いた後のお釈迦様の一番、立派な姿。真理を体得して世界の支配者となった姿)を守っているガードマンの神様ですね。私は、インド伝来の思想が、どうして仏教(お釈迦様の言行録)と混ざったのか、そして中国経由で、日本までやってきたのかを、興味深く観察しています。本来の、仏教(お釈迦様の教え)に「明王」などが神様となって出てくるはずはないのです。本当は、それらは、ヒンズー教の神様たちですね。私は日本で、ヒンズー教(輪廻転生と、カーストの思想)と、仏教(輪廻転生はない、という思想)が、ごちゃまぜになっていることを、いつも不愉快に思っています。すべてを、はっきりさせてやろうと思っています。できることなら、私が生きているうちに、日本国内のすべての宗教家、思想家たちと、はっきり決着をつけたいと思っています。五六歳になった今の私が、論争を挑んだら、たいていの知識人は恐れて、逃げるでしょう。私にはそれぐらいの自信があります。すべての事実を、証拠付きで、徹底的に明らかにしてみせます。いい加減な、逃げは許しません。

（※インタビューならびに文章は『にんげんクラブ』誌の編集を担当している船井本社の兒玉裕子さんです）

＊

またベンジャミン・フルフォード監修の『資本主義大崩壊』（星野陽平&村田らむ著、二〇〇九年六月、イーストプレス刊）というマンガ本も机上にありますが、「闇の勢力」のことを詳しく書いていますし、同書の「あとがき」では、以下のようにフルフォードさんが述べています。

＊

相場の世界では「朝の来ない夜はない、夜明け前がいちばん暗い」という格言がある。一般的な経済学では、景気は上がったり下がったりのサイクルがあるとされる。

いま、われわれが経験している未曾有《みぞう》の大不況もいずれは終わり、景気回復の光明が差すときを迎えるだろう。金融危機を演出した「闇の勢力」とはいえ、経済の自律的なうねりを完全に抑え込むことはできない。

私の取材によれば、「闇の勢力」の空中分解が確認できた。それは、これまでルシフェリアンの影響下にあった二人の代表的な指導者の寝返りから窺《うかが》い知れる。

二〇〇八年四月一六日、ブッシュ前米大統領がローマ法王ベネディクト一六世と二人っきりで三〇分の秘密会談をした。私がつかんだ情報では、このとき、ブッシュはプロテスタントからカトリックに改宗したという。また、ブレア前イギリス首相も二〇〇七年一二月にカトリックに改宗したことが明らかとなっている。

ルシフェリアンの勢力範囲は宗教界にもおよんでいるが、キリスト教においては、とくにアングロ・サクソン圏で有力なプロテスタントを牙城にしている。米英の指導者の改宗からは、ルシフェリアンの影響力の低下を見て取れる。

9・11の「やらせ」が世界的に知れわたって以来、ルシフェリアンの世界支配の野望は思うように進んでいないようにも見える。だが、彼らもこの状態に手をこまぬいているわけではない。

二〇〇九年一月二〇日、未曾有の大不況の克服への期待を世界中から集めて就任したオバマ米大統領。就任式で見せた力強いメッセージで人々を鼓舞《こぶ》する様は、まさに世界の救世主のようであった。だが、陰謀論的見地からは、オバマ氏からはすでにさまざまな疑惑も出ている。

オバマ氏を裏で操っているのは、本書でもたびたび登場するロックフェラーやパパ・ブッシュだという指摘があるのだ。オバマ政権の顧問を務めるズビグニュー・ブレジンスキーやジョージ・ソロスはロックフェラーの代理人のような人物で、ロックフェラーらがつくった日米欧三極委員会を創設した経歴を持つ。

現在「闇の勢力」の世界支配は一時停止状態にある。だが、ころあいをうかがって再び攻勢を強めてくるだろう。

われわれ一人ひとりの力は決して強くはないが、まずは真実を知ることから始めるべきだろう。

*

桶狭間もパールハーバーもいまや時代おくれ

さらに朝倉慶さんの『日本人を直撃する大恐慌』（二〇〇九年五月、飛鳥新社刊）と『恐慌第2幕』、中矢伸一さんが発刊者の月刊『たまゆら』の二〇〇九年五月号と六月号、そしてデーヴィッド・アイク著、太田龍監訳の『大いなる秘密』上下巻（ともに二〇〇〇年、三交社刊）が机上にあります。

それぞれに本書に関係のある内容がふんだんに書かれているから参考に集めたのですが、ともに「ずばり」と彼らの言いたいことがストレートに述べられており、実に気持ちがいいのです。私は彼らのストレートな確信に充ちた発言が大好きです。

そして、これらは私だけでなく、その内容が多少まちがっていようが、多くの人を惹きつけてやまないのです。

それらから判断しますと、私は「人間は、本質的に陰謀や策略は好きではないし、秘密はばらしたいもようだし、ストレートに言いたいことを述べたい存在だ」と思うのです。


また、これらのことは、経営コンサルタントを業としてきた私の経験からも、はっきり言えます。経営のコツは、堂々と、あけっぱなしで正攻法でやることです。

陰謀や策略、秘密は弱者の戦法としては分りますし、成功することもありますが、一九八〇年ころ以降は、経営という政治や行政、経済や科学などより、もっとも先行している面では、日本ではほとんど成功しなくなりました。これは事実です。

桶狭間やパールハーバーは、いまや経営面については時代おくれになったのです。

③ネット社会の進展で本来の人間らしい生き方へ

人間は、疑われたり、競争させられたり、欠点を指摘されるのは本質的に嫌いなようです。それよりも他人さまから信用され、のびのびと自由に生き、ほめられたいと思っているようです。

これらについての説明は不要でしょう。各自で自分のことをお考えいただければ分るはずです。

とはいえ、いままでの決められていた人間の歴史や個人の生涯は、「嫌いなことから逃げられず、ネガティブ発想で人さまと付きあわねばならないところの多いもの」でした。まさに「この世」は地獄のようなものでした。

いまも政治家を中心に、世の中のリーダーたちは、右記のような生き方をしているように見えますが、それはそれとしてネット社会になり先進国の大衆は急速に本来の人間らしい生き方に変ろうとしつつあるように思えます。「世の中」は変りつつあると言っていいでしょう。

④人間は超能力者的存在に弱い

あと一つだけ、述べます。

人間は、自らできないことができる人、いわゆる「超能力者的存在」に弱いようです。空を飛ぶことができる人や、未来が的確に分る人、死者を生き返らせることができる人、年齢を感じさせず非常に若々しい人などが存在したとしますと、そのような人に憧れ、尊敬し、または怖れ、そのような人の言うことは、一時的には無批判に聞くだろうと思います。

人間とは、他にもいろいろあるでしょうが、ここで本書に必要なことを四つだけ取りあげますと、このような安定しないところも多い存在だと思われるのです。

人の本質は「性善ポジティブ型」ですが、知恵があり、考えることができるだけに、しかも過去や現在までのことと「この世」のことしか分らない存在なので、心も行動も常に不安定に生きていると言えるようです。

だから「闇の存在」とも、深く付きあったのでしょう。

ではこの辺で、本章の「答え」に入りましょう。

ただし、これも私の仮説です。私は、この仮説を「正しいようだ」と思っていますが、一〇〇%の自信はありません。だから仮説であることを前提に、以下をお読みください。

陰と陽を組み合わせることによりバランスがとれる

Ｉ　宇宙は、一つの意志と意識によって創られたと考えられます。この創った存在、すなわちサムシング・グレートを、ここでは創造主と呼びましょう。

私の永年の研究では、創造主はやはり「性善ポジティブ型」の存在であり、それを「光の存在」と呼ぶのがわれわれには分りやすいし、理解もしやすいと思います。

彼は、宇宙を「調和をとりながら、すべてが効率的に生成発展する」ように創ったはずだと思えます。それで現実と論理に矛盾が出ないからです。

そのために彼は、「性悪ネガティブ型」の「闇の存在」と呼ぶのにふさわしい存在についても、いろいろ考えたうえで認めて創ったのだと思います。陰と陽を組み合せることにより、初期の段階でもバランスがとれますし、ある時期は、特に効率的に世の中とか、ある種を生成発展させ得ると思えるからです。

ただ、究極のところ「闇の存在」も生成発展に行きついた時は、「光の存在」と一体化するように創ったと考えられます。

これにも、論理的に矛盾はありません。

Ⅱ　創造主は、地球人を「性善ポジティブ型」の人間として創りました。ただ地球人が幼稚で知的レベルも低く、一般動物と余り変らなかったため、ある文化レベルまで効率的に成長させる必要を感じ、ある期間、「闇の存在」に地球人を支配することを許したのだ、と思います。これが、もっとも分りやすい答えになりそうです。

Ⅲ　すでにその時点で、知的レベルが高度に発達していた「闇の存在」は、多分、何万年か前に、地球人を自らの支配下においたのだと思います。「闇の存在」は、彼らの方式で地球人を奴隷的に支配することにしたようです。そのためにある期間、「この世」における人類の歴史も個人の生涯も、ほとんど決めてしまったのだと思います。しかも、それはつぎのような方針で決められたようです。

（※この私の仮説に興味のある人は、デーヴィッド・アイク著・太田龍監訳の『大いなる秘密』（二〇〇〇年、三交社刊）や、デーヴィッド・アイク著・安江絹江訳『竜であり蛇であるわれらが神々』（二〇〇七年、徳間書店刊）、さらにグラハム・ハンコック、エハン・デラヴィ共著の『人類の発祥、神々の叡智、文明の創造、すべての起源は「異次元」にあった』（二〇〇六年、徳間書店刊）などをお読みください。私が何を言いたいか、それでほぼお分りいただけると思います。

以下は、右記の『竜であり蛇であるわれらが神々』の冒頭の文章です。分りやすいので転載します。

*

少数の人間が人類の大多数を支配したり意のままに動かしたりしたいと考えるときには、ある重要な仕組みが必要となる。操作しようとする相手が個人でも家族でも、民族、町、国家、大陸、あるいは惑星全体であろうとも、同じことだ。

まず必要なのは、正と邪、可能と不可能、正気と狂気、善と悪とを分ける「規範」を定めることである。ほとんどの人間は、少なくとも数千年にわたって人類に広く染みこんだ「群れに従う」という群集心理のために、疑いもせずそれに従うだろう。次に、与えられた「規範《きはん》」に逆らう者にきわめて惨《みじ》めな生活を送らせる必要がある。最も効果的なのは、他人と異なることを事実上、罪悪と感じさせることである。そうすれば与えられた「真実」と違うものの見方や考え方、生き方をする者は、ヒツジの群れに迷い込んだ一頭の黒ヒツジのように目立ってしまう。すでにその規範を現実として受け入れるよう条件づけされた無知で傲慢《ごうまん》な群れは、異なる生き方をする人間を笑いものにしたり非難したりする。この圧力が彼らを同調させるとともに、群れから離れようとする者への警告となる。日本のことわざに「出る杭《くい》は打たれる」という言葉があるとおりだ。

これにより、少数支配に必須の、大衆による自己管理と協調に必要な状況が整う。選ばれた「黒いヒツジ」は、その他の「ヒツジ大衆」にとって牧羊犬のような存在となる。逃亡しようとした囚人を周りの囚人たちが押しとどめようとするのに似ている。囚人たちはなぜそんな、とても正気とは思えないことをするのだろうか？　だが人間は、自分が何の疑問もなく従っている規範に他のすべての人間を従わせようとして、日々、まさにこれと同じことを互いに行っている。これは心理的ファシズムにほかならず、あらゆる家庭、あらゆる場所に思想警察の工作員が配されているようなものだ。この工作員たちは非常によく条件づけされていて、自分たちが無償の意識操作官《マインドコントローラー》であるという意識すら持っていない。

「我が子にとって正しいことをやっているだけ」だと彼らは言う。しかし、そうではない。彼らは支配者にとって「正しい」ことを信じ、また、自分がさも物事をわかっているかのように思いこむようプログラムされているのだ。私は、イギリスの元チーフラビ（ユダヤ教最高指導者）とオックスフォード・ユニオン（オックスフォード大学の学生討論会）で議論したときのことをよく覚えている。ラビは教育と教化が別物であるとは露ほども思っていなかった。それには実に驚かされた。

私たちは、軍人など大衆から選ばれて大衆を押さえつける役目についた者たちが、同じことを日常的に行っているのを知っている。それを端的《たんてき》に表しているのが、「労働階級は俺の言いなり、ついに職制となったこの俺に」というイギリス労働党の党歌「赤旗」の風刺的な替え歌だ。これこそが、大衆の自己管理に不可欠な分断支配の要素なのである。誰もかれもがほかの誰かの精神的、感情的、また肉体的な監禁に一役買う。支配者たちは、しかるべきときに糸を引くだけで、人間という名の人形を曲に合わせて踊らせることができる。そのために利用されているのが、私たちが「教育」と呼んでいるものや、彼らが所有するメディアを通じて発信される「ニュース」である。こうして彼らは、考えもせず疑問も抱かぬ大衆に、自分の属する群れや他の人々、人生や歴史や時事問題についても、信じるべき事がらを規定する。いったん社会の規範が形成されてしまえば、ジャーナリストやメディアのレポーター、政府の役人などをいちいち操作する必要はない。メディアやさまざまな組織が同じ規範に基づいて「真実」を規定するので、現実を別の見方で捉《とら》えようとする人間を、反射的に嘲笑《ちょうしょう》したり非難したりする。何を「正常」と考えるか、どこまでが起こりうる範囲と認められるかをコントロールするだけで、システム全体が事実上、自然に動いていくのである。

よく分る文章ですね。このとおりだと思います。「闇の存在」は、ひと握りの少数の人間を自らの代りに傀儡《かいらい》として、秘密結社などを創り、このようなシステムを人間社会に定着させ、人間を支配することにしたのだと思います。

＊

Ⅳ　地球人たちは、「闇の存在」たちの超能力（？）や、教育、訓練によって「良心」を麻痺させられ、何万年かの間、このような「闇の存在」の支配下にありました。そのおかげで、急速に知性と文化を発達させたのだと思います。その間、ムーやアトランティスの滅亡などがあったようですが、創造主の予定どおり、いまや地球人にもいろんな真実が分ってきたようです。

事実、「闇の存在」が決めたことでも、一九九五年以前でも、「光の存在」というか、正しい創造主の教えにしたがえば、決められたことも実現しなかったはずなのです。これが真実です。

そのようなことは、はじめからサムシング・グレートは充分に知っていたと思います。「闇の存在」も、多分、知っていたはずです。それゆえ、彼らの本体は一九九〇年代半ばに地球域から去ることにしたのだし、それらも決まっていたことだったのでしょう。

Ⅴ　彼らが去ったために、彼らによって決められたことは次第に実現しなくなり、サムシング・グレートの教えにしたがったことが実現するようになってきました。これが、ここ十年来のことと言えるでしょう。また「闇の存在の傀儡」たちの力も最近は急速に落ちはじめました。これで現実のすべてが理解できます。

Ⅵ　いまや地球人の「エゴ」も限界に達してきています。しかし真実が分り、正しい生き方も分ってきました。それらに合わせて、「闇の勢力」が消えつつあり、「よい世の中づくり」がはじまろうとしている……と言えるのではないでしょうか。

これで私の仮説の説明は、一応終ります（だからこそ「聖書の暗号」が陽の目を見たのだと考えているのです）。

以上で本章を終えますが、私の仮説をもとに、読者もいろいろとお考えください。よろしくお願いいたします。

第四章

世の中はこれから急変する。
われわれの生き方も大きく変らざるを得ないだろう

私が「聖書の暗号」を知ってびっくりしたことの一つに、「真実を教えてくれる」ということがあります。それと同時に、「聖書の暗号」は時流も教えてくれます。この両面から、本章では、「世の中」や「われわれの生き方」の変化を考えてみたいと思います。

すべては必然、必要、ベストになるよう世の中はできている

パールハーバーの真実や、9-11テロの真実など、われわれにとって疑問点が多かった事件の真実を「聖書の暗号」は実にはっきりと教えてくれます。

「日中戦争の真実」「エイズについての真実」「キリスト教、イエス、マリヤ、ローマ法王の役割などの真実」「阪神・淡路大震災や中越沖地震などの真実」などをはじめ「光と闇の真実」なども、「聖書の暗号」は教えてくれます。「なるほど」と納得できます。ただこれらにつきましては、Iさんが彼の著作で詳しく説明するだろうと思います。興味のある方はそちらをお読みください。

私は、「すべては必然、必要、ベストになるように世の中はできている」ように、創造主が世の中の仕組みを創ったはずだと仮説を立てました。その仮説を信じている人間なの

で、過去のことにつきましては、すべて必然、必要、ベストになっていると思うことにしています。だから、過去については真実とその論理さえ分れば、それ以上は興味がありません。しかし、今後にも関係する大事な真実には、深い興味があります。

たとえば「聖書の暗号」が教えてくれる真実では「死は終りではない」こととか、「未来は、人間によって創り得る」「第三次世界大戦を演出しようとする勢力が存在する」などには、大いに興味を惹かれます。

ともかく「聖書の暗号」は、真実を教えてくれている……と言うことを知り、びっくりしました。とともに「闇の勢力」というか、いままでの地球人の支配層は、それらの大半を偽わり、大衆にウソを教え、真実を隠すのに汲々としてきたことも知りました。

それらを知ってもほとんどびっくりしなかったのは、「死は終りではない」「人は生まれ変る」「あの世とこの世の仕組み」「輪廻転生の目的」「未来は人間によって創り得る」などということは、すでに充分に知っていたからです。

「パールハーバーの真実」も「9-11事件の真実」も、多くの情報で「聖書の暗号」を待つまでもなくほぼ知っていました。それを確認できたということです。

日本につきましても、「明治維新の真実」「小泉改革の実際」「闇の勢力が破局を迎えてこれから日本も急変する」だろうことなどは、「なるほど」と納得しました。その一部は知っていたことでした。

マスメディアの情報しか知らない人が読むとびっくりする真実

それらにつきましては、二〇〇六年六月にビジネス社から発行しました私と副島隆彦さんの共著『昭和史からの警告』や、二〇〇七年一〇月にやはりビジネス社から発刊しました私と太田龍さんの共著『日本人が知らない「人類支配者」の正体』の二冊をご一読いただくと、読者の皆さまにもかなりお分りいただけると思います。

両書には、常識人（マスメディアの情報しか知らないし、信じない人）が読むと、「びっくり」することが満載なのです。ちなみに「聖書の暗号」とは、少しちがうところもあります。

ここで前著の「まえがき」（副島さんの文章）と後著の「まえがき」（太田さんの文章）の一部を、以下に転載します。興味を持たれたら、ぜひ両書をお読みください。私の意見とはこの「まえがき」は、どちらも多少のちがいがあります。しかしほとんど真実と思えますし、参考になると思います。

まず、前著から載せましょう。

＊

満州事変は、75年前の昭和6年（1931）9月18日に起きた「満州鉄道爆破事件」から始まった。当時の満州（現在の中国東北部）に駐屯していた関東軍高級参謀の板垣征四郎大佐たちが、満州の奉天駅から11キロ北に位置する柳条湖という土地で、日本陸軍の工作隊を使って、中国に対する戦争を起こした。この時の昭和6年（1931）から昭和20年（1945）の敗戦までの15年間が、いわゆる「日中15年戦争」だ。今の日本は、75年前のあの時と同じくやがて起きるであろう〝新しい日中戦争〟の前段階にいる。

日本は同年の昭和6年に、満州国を建国して、世界に向かってこれを認めさせようとした。ところが、10月の国際連盟の緊急理事会では、「日本軍の満州からの撤退決議」を可決されてしまう。日本だけが反対した。それで日本は、慌てて翌年3月に 最後の清朝皇帝だった「ラスト・エンペラー」の愛新覚等溥儀を押し立てて、満州国の建国宣言をしてしまう。国際世論を敵に回して日本はこういう無謀なことをやった。もうこのあとは、ずっと戦争だ。

本当は、日本はあの時、満州だけを領土（植民地）にしておけばよかったのだ。中国にまでは絶対に攻め込んではいけなかった。国際連盟のリットン調査団（リットン卿はイギリスの貴族）は表面では日本に厳しいことを言って大陸から撤退（evacuation）を迫った。しかし本音は、「日本の満州支配までは認める。ロシアの南下政策に対する東アジア地域

（region）での防御線として日本の満州支配を暗に認める」というものだった。

ところが日本の当時の指導者層は、愚かにも世界の真の動きを見極めることができなかった。ロックフェラー財閥に支えられたフランクリン・D・ルーズベルト大統領に騙されて、無謀に戦線を拡大するという愚挙に出た。満州国境を踏み越えて中国にまで進撃するようになった。

そして遂に昭和12年（1937）7月7日の盧溝橋事件（日華事変、シナ事変）で日中は全面戦争となる。徐州作戦、武漢三鎮占領と戦い、日本軍は中国全土に最大時には200万人も兵員を駐留させた。外国の領土に他の国の軍隊が居たら、それは侵略である。そのように考えるのが、国際社会の冷酷な見方である。だからやはり、日中戦争は日本の侵略戦争だったのである。

ということは、アメリカに引きずられる形での現在の自衛隊のイラク派遣というのも、いくら「現地政府からの要請がある」とか「イラクの平和と復興（人道支援）のため」といっても、やはり侵略行為である。そのように考えるのが大人の冷静な目というものである。アメリカ（ブッシュ政権）に命令されてやっていると、日本人なら皆、知っている。

イラクへの自衛隊の派遣も、大正7年（1918）のシベリア出兵と実によく似ている。あれも「国際協調」であり、当時も30数カ国が、数年間ロシアに駐留した。あの時も「残虐なロシア革命に干渉して反対する」という国際的な大義名分はあった。日本軍はウラジオストックから5年後の大正11年（1922）に、何の意味もなく引き揚げた。

75年前の日本。日米開戦の真の理由はどこにあったのか？

日本は中国でドロ沼の戦争をしていた。ところがさらに、太平洋でも戦争を起こし、アメリカ軍と激突することになった。太平洋戦争は、昭和16年（1941）12月8日の真珠湾攻撃から始まった。だから日本が中国でドロ沼化した戦争を10年間もやりながら日米戦争に突入したのである。驚くべきことに、当時の日本人で、あの強大なアメリカに日本が戦争を仕掛けて、日米開戦になるなどとは、一般国民は誰一人として考えていなかったというのである。今も存命の80歳前後の人たちに聞いてみるといい。「日本がアメリカと戦争して勝てるとは誰も思っていなかった」のである。

鬼畜米英　という標語が現れたのは、真珠湾攻撃、マレーシア占領そしてシンガポール攻略の直後からである。それでは、なぜ、ああも無謀な戦争を愚かにも日本はしたのか。疑問は尽きない。

おそらく日本は外側からの大きな力に操られていたのだ。その　外側からの大きな力とは、現在も同じニューヨークの金融財界である。だから普通の日本史の教科書に書いている、「日本は、ＡＢＣＤ（アメリカ、イギリス、中国、オランダ）包囲網にあって、石油の輸入ができなくなった。禁輸（embargo）の経済封鎖を受けたので仕方なく開戦した」というのは物事の表面である。

裏の大きな策略があって、それに乗せられたのである。そして、今の日本もまた75年前の昭和6年と同じように、大きな世界規模の陰謀に乗せられて、新たなる戦争への道を歩まされている、と冷酷に私は考える。

私は、日本の近未来をこのように昭和戦前史と重なり合わせることによって、冷酷に予測（予言）する。

なお私は、この対談集を編む途中で、「私の船井幸雄論」をどうしても書きたくなった。船井さんとはどういう方なのか、船井幸雄の思想は何なのかという自分で勝手に作った課題に向かって、私は1年間、ずっと頭の中で考えていた。そして最近、ようやく私なりの考えがまとまった。

それは、船井幸雄という人は、老子様がつくった道教の道家の思想家であろう、というものであった。

私は、船井先生と２００５年2月に、初めての対談本の企画で面識を得て以来、先生と親しくお話するようになった。船井幸雄とはどういう人格者でどういう人なのか、ではなく、ズバリ、船井幸雄とは何者なのか？　彼の思想は何なのか、である。この問いを私は政治思想系の知識人である自分の脳で真剣に考え続けた。そして、最近ようやくその答えが出た。その答えが「私の船井幸雄論」である。これを、本書の巻末（１８９ページ〜）に載せますので、是非お読みください。

副島隆彦 記

＊

西洋式人類独尊から日本的万類共尊へ

つづいて、後著の太田龍さんの書いた「まえがき」の大半を載せます。

＊

船井幸雄さんとの対談を一冊の本にする過程で、私が得た最初の印象は、この人にはタブーがほとんどない、ということでした。タブーがないということは、自分の誤り、自分の欠陥、自分の限界、自分の無知をタブーとせず、それらを自力で修正し、乗り越えるべく常に努めることも意味します。

渡辺京二著『逝きし世の面影』（平凡社刊）に詳述されているように、江戸時代までの、すなわち明治以前の日本人の民族性は、まさにそのようなものでした。

しかし、慶応2年12月25日（西暦では1867年1月）、孝明天皇弑逆事件とともに、日本は変質しました。つまり、それ以降、日本人にとってこの孝明天皇弑逆事件の真相を探求することは絶対のタブーとされ、そしてこの時点から無数のタブーが増殖して、日本人の精神と魂を腐敗させるのです。

このタブーの呪縛からの解放を志した拙著の『長州の天皇征伐』（成甲書房・2005年刊）を、公然と肯定的に論評されたのは、日本で船井幸雄さんが初めてです。

私は、平成19年8月2日、船井さんと対談した折、故鹿島昇著『裏切られた三人の天皇』（新国民出版社刊・2007年7月・第3版発行）をお渡ししました。そして、8月24日に、船井さんご自身のホームページ上に、この本のことを丁寧に紹介していただきました。私の知るかぎり、この記事は同書についての最初の真剣な書評です。

船井さんと私の最初の接点は、デーヴィッド・アイクの『大いなる秘密』（上下2巻、三交社刊・2001年）でしょう。西洋には、我々日本人にとっては想像を絶するような秘密の暗黒世界が潜んでいます。英国の天才思想家デーヴィッド・アイクは、『ロボットの反乱』（1994年）、『真理はあなたを自由にする』（1995年）、『大いなる秘密』（1999年）、『マトリックスの子供たち』（2001年）などの著作で、無数のタブーと構造によって堅固に警備された、この秘密の暗黒世界を白日の下にさらけ出す大仕事をやってのけました。

私は、1995年以降、西洋6000年の歴史に初めて出現したこの天才アイクを日本人に紹介するために努力して、ついに2001年『大いなる秘密』日本語版が出版されたのですが、この本を高く評価してくれたのも、船井さんが最初です。

2008年（子年）前後が正念場という見方はそのとおりでしょう。そしてこれからは日本人中心にやるほかないということも。しかし、日本人中心というその「日本」の意味、その核心はなにかが問題です。

縄文以前の太古の時代から、日本人の精神性を一語で集約すると、「万類共尊」となります。これに反して西洋人の根本思想は、「人類独尊」です。人間中心主義、人間至上主義ともいいます。

1987年の時点で、西洋文明が独占独裁する地球上に於いて、人類は地球自然資源の限界を超えたといわれています。このまま突き進めば、西洋の自然破壊的科学技術と西洋式利己主義社会システムによって、地球の生態系は大崩壊するしかありません。西洋式人類独尊から日本的万類共尊へ。

人類は今、思想と宇宙観と制度を根本から転換するよう迫られているわけです。日本がまず、国家まるごと、民族まるごと、この転換を開始しえなければ、他にそれをできる国家民族は存在しません。もはや、人類の命運もこれまででしょう。

今日、船井さんとの対談を一冊の本にすることになって、いろいろと考えていくと、私はずいぶん以前から、無意識のうちに船井さんとはご縁があったということに気づきました。

船井さんは1985年ごろ、経済学者の難波田春夫先生との出会いがあり、それを契機に「資本主義は間もなく崩壊する」と言い出した、と述べておられますが、ちょうどそのころ、私も難波田春夫先生の学説に共鳴して講演をしていただいたことがあります。

船井さんと私とは、役割も経歴も異なりますが、深い根のところは一つの流れのなかにあります。

デーヴィッド・アイクの大著『マトリックスの子供たち』の日本語版が、この9月早々、出版の運びとなりました（『竜であり蛇であるわれらが神々』上下2巻、約1000ページ、徳間書店刊）。さらに、10月にはアイクの新しい英文著作『グローバル・コンスピラ

シー　いかにしてそれらを終わらせるか』（約500ページ）も刊行される予定と聞いています。

西洋思想の最高水準を独走するアイクのこれらの著作は、西洋渡来の悪神を超克しなければならない我々日本人が熟読消化すべき必読文献です。

船井さんをはじめとし、読者諸兄の皆様も是非、お読みいただきたい。

太田龍

*

私たちの故郷は「あの世」である

以上、転載した両者の「まえがき」の大部分は、日本人の有識者にとっては、実は「隠れた常識」です。びっくりするのは、何冊かの拙著に繰り返し掲載しました「あの世とこの世の関係」については、すでに科学的にも常識となっていることです。ところがIさんは「キリスト教では、いまだに認めていない」と言うのです。そこで念のため、もう一度紹介いたします。

ともかく私たちの本質は、肉体ではなく魂であり、故郷は「この世」ではなく「あの世」なのです。これらは、いまでは少し勉強すれば、だれでも分ることとです。

日本語では「日月神示」、外国人の書物ではスウェーデンボルグなどが、これらのことにつきましては、はっきりと述べていますし、有名な科学者たちの信用できる研究も多数あり、いまでは、これらのことは知識人の常識にすらなっています。Iさんの発言がいまだに信じられないくらいです。

それでは、以下の文をお読みください。よく分ると思います。

＊

私たちの故郷は、どうやら「あの世」らしい。そして私たちの本体は、霊魂＝意識体である。この地球という学校へ勉強に来て、いま寄宿生活をしている。故郷へ帰りたがってはいけないから、学校へ入る時に、一時的に故郷の記憶は、みんな消去させられる。

この学校での生活は、制約があって、努力しないと非常に生活しにくいように仕組まれている。だから、だれもが、いやおうなく勉強する。ここでは、肉体という不便な入れ物の中に各自が閉じ込められる。「あの世」では見たいものは何でも見えた。他の人たちの気持ちも、そのままわかった。どこへでも行きたい所へすぐ行けた。これでは、楽で便利すぎて、なかなか努力しないから、この世の制約のある肉体という入れ物の中で、霊魂という生命体の本体に勉強させるのである。この学校や寄宿舎では、だれもが努力して食べていかなければならない。他人にも負けたくない、向上もしたいと考えるようにできている。そうしなければ、生活しにくいのである。こうして勉強している間に、やがて入れ物＝肉体が老化し、故障し、こわれて、なつかしい故郷「あの世」へ帰れるようになる。

ただ、学校に入る時に、故郷のこと＝「あの世」の記憶は消去されているし、なるべく、学校でいろいろ学ぶために、この学校（この世）は最高の場所だと教えられる。そのため入れ物＝肉体はなるべく大事にし、老化や故障を起こさないようにし、他の仲間と仲良くするのがよいのだなということを、学校に入ってから自然とおぼえるように仕組まれている。

また、学校で効率的に勉強させるために、故郷で親しかった者や、昔、学校で知りあいであった霊魂たちを、なるべく一緒にするようなこともよく行なわれる。学校や寄宿舎での記録は全部残しておかれるし、今度、この学校へ再教育のために入る時に、それを参考にして入学日とか入れ物とか仲間が決まることになる。

さらに、この学校で学習したことは、霊魂の中に貯えられ「あの世」＝故郷で整理され霊魂のものとなるし、また再び学校に入学した時に、それが生かされることになると考えれば、だいたいご理解いただけよう。

こう考えると、「あの世」のことや、「死は終わりではない」などということは、人間は知らないほうがよいともいえる。

ただ現在では、人間という生命体の本体である魂のレベルが進化し、高くなった人も多くなったので、生と死の原理などが、われわれ人間に、徐々にではあるが明らかにされてきた、と解釈したい。人間は、野獣より、神に一歩近づいたようだ。だから、これからは天地自然の理を魂のレベルに合わせて少しは知ってもよいし、もっと知るよう努力するべきだ……。

＊

この文章は、何冊かの拙著には載せましたが、「あの世」と「この世」のことを少し知っている人向けに、まとめて分りやすく説明したものとして、いままでは評判になっています。最近は、この文章を使用したいという申し出がかなり多く、私は喜んでいます。あちらこちらに、この文章は転載されているようです。

資本主義の崩壊と人智の急向上

ところで私は、これから地球の「この世」の変化とともに、「あの世」や「輪廻転生の仕組み」も変化する可能性があると思っています。ただし進んだほうに変化するでしょう。これらはたのしいことです。

「世の中」というのは、「生成発展に向けて調和しながら効率的に変化することこそ、不変の原理であり、すべては必然、必要、ベストなのだ」と思えるからです。
「闇の存在」による支配も、彼らの本体が地球域から去ったことも、そして今度、人類やわれわれの生活に大変化がきそうなことも、そしてわれわれで、よい未来を創れそうなのも、「必要、必然、ベスト」ではないでしょうか？　よい変化だと思います。

「聖書の暗号」は、われわれにこのような真実を教え、示唆してくれるとともに、時流も教え、示唆してくれているのです。

私が知ったこれからの時流につきましては、①現在の経済ハルマゲドンは資本主義を崩壊させる。②米軍は近々日本から撤退し、日本は米国の属国ではなくなる。③近々新しいエネルギーが石油にとって代わる。④闇の勢力の支配が終り、世の中は急変革する。⑤未来はわれわれによって創られるが、秘密や陰謀のない「よい世の中」になる。⑥第三次世界大戦の可能性はかなり高いが、それをおきさせない可能性も高い。⑦これから国、宗教、資本集団などは大変化しそうだ。⑧大天災や大人災の可能性も高いが、科学や技術が急発展しそうなので、人類は思想、哲学的にも変化し、災害を乗りこえられる可能性もありそうだ。⑨日本人とユダヤ人には、今後に特別の役割がありそうだ。……などです。

いま、人智が急向上しています。

宇宙からというか他次元界からというか、外部知性からの正しいと思えそうな情報も続々と人間界に入ってきています。具体的にはドン・エルキンズ他著、紫上はとる訳『ラー文書』（二〇〇八年八月、ナチュラルスピリット刊）、飛鳥昭雄・三神たける共著『失なわれた火星人の謎とサンドワーム』（二〇〇九年五月、学研刊）、バシャール、坂本政道対談書『人類、その起源と未来』（二〇〇九年五月、ヴォイス刊）などを読むと、いろんなことが分ります。

これらは最近の著作ですが、気楽に読めば、すばらしい未来へのヒントがたくさんあります。それに真実がどんどん発表されはじめました。したがって、勉強家にとりましては、いやおうなく時流や未来が分り、希望の持てる時代になってきました。ありがたいことです。ところで、これからの「地球人社会の大きな変化」は、多分二つにまとめられると思います。それらを述べて、本章を終ろうと思います。

Ⅰ 「地の理」から「天の理」へ

私は、「創造主は性善ポジティブ型の存在」に思えると、述べました。

何十年も前から、時々、宇宙を創造した存在のことを考えました。サムシング・グレートを創造主とすると、それは「善なる一つの意志を持った存在」だということに、まず気づきました。

最近では『ラー文書』や体脱研究者の坂本政道さんやバシャールも、この「善なる存在」のことに触れています。「善なる存在」は「光の存在であり愛の存在だ」と彼らは言っています。また、UFOに乗って深宇宙まで旅行したことがあるといい、その著書『わが深宇宙探訪記』（オスカー・マゴッチ著、石井弘幸訳、一九九一年、加速学園出版部刊）で話題を呼んだマゴッチさんは、まじめな人ですが「創造主は光の存在だと思う」と私に直接、自分の経験を教えてくれました。

ともかく私には、創造主は「光の存在であり愛の存在」のように思われるのです。『ラー文書』によく出てくるように、「私はラー。私は無限なる創造主の愛と光の中から親愛のあいさつを送ります」というイメージが浮び上ってくるのです。

バシャールによりますと、「創造主＝大いなるすべて（all that is）という存在が、自分自身を経験するため天地を創造した」ということです。「ひとつなるもの」が「ひとつ」である時は「知る」必要はないのですが、それが「すべて」なのですから、彼が自分自身を知る唯一の方法は「そのすべてを創り、それを知ることなのだ」というのが、バシャールの説明です。これには同感です。

それに対し、坂本さんは、そこは「フォーカス一一九」であり、「統合された源」と考えているもようです。モンロー研究所の人たちは、「時間も空間も存在する前に自分のことを認識する光の存在があった。その光の存在にとっては、自分のまわりがすべて未知であった。それを知るために自分の一部を探査機として世の中に送り出した。それが創造であり、われわれもその探査機の一部か末端だ」と、考えているもようです。これも分ります。

このようなことをいろいろ考えた末に、「創造主は創造しながら自らも、創造したすべても生成発展するようにしたにちがいない。そして光の存在であり、愛に包まれた性善ポジティブ型の善なる存在である。しかも思っただけで、すべてを実現させ得る存在でもある。彼には多分不可能はないだろう。なぜなら、どんなことも彼が思えば、すぐに実現するだろうと考えられるからだ」と、私は結論づけたのです。

とはいえ、彼は効率的に調和を持って創造したものを維持・発展させるために、いくつかの大事な方向性とルールをつくったと思うのです。

その大事な方向性を列挙しますと、①単純化　②万能化　③公開化　④自由化　⑤効率化　⑥ポジティブ化　⑦安心・安定化　⑧平和化　⑨互助協調化　⑩自他同然化　⑪長所伸展化　⑫公平化　⑬自己責任化などであり、ルールはⒶ秩序維持のルール　Ⓑ生成発展の

ルール　Ⓒ波動のルール　Ⓓ必要・必然・ベストのルール、くらいだと思うのです。
そして「宇宙」は、基本的には、これらの方向性とルール下で運用されていると言えそうです。これを私は「真の自然の理」、いわゆる「天の理」と言っています。

光の存在志向の地球人が受け入れてきた闇の勢力のルール

一方、いままでの地球上での「この世」と一部の「あの世」（地獄界、魔界など）での管理・統制、あるいは進歩のルールのように、「天の理」とまったく反するようなルール下の社会も、宇宙内にはあると思えます。

私はこれを、「地の理（地球上での特別のルール）」と、二十年来呼んできました。

その方向性は、①複雑化　②セグメント化　③秘密化　④束縛化　⑤非効率化　⑥ネガティブ化　⑦不安化・恐怖化　⑧戦争化　⑨独占化・競争化　⑩強欲化　⑪短所是正化　⑫不公平化　⑬他人責任追求化などです。

これは地球上の資本主義発展のプロセスそのものであり、近代の特性とも言えます。

多分、宇宙でも「闇の勢力の支配するところ」では、このようになっているのではないかと思います。地球人は、本質的に、光の存在志向で性善ポジティブ型なのですが、やむを得ずこのようなルールを受け入れてきました。

それは、地球と地球人の真の創造者である創造主が、地球人のスピーディな進歩のために認めた期間限定のシステムだったのでしょうが、いまや、この「地の理」は、限定期間が終り、終末を迎えようとしていると言えそうです。

そのことも、充分に知ってほしいのです。

これから、地球や地球人は「天の理」にしたがって運営され、生きるようになるはずなので、われわれの生活も「地の理型」から「天の理型」へ、一八〇度の変化を遂げるでしょう。

それが二〇〇〇年以降に加速し、現在は過渡期と言えそうです。

Ⅱ 「ネガティブ型人間」から「ポジティブ型人間」へ

私は体脱家で、体脱研究者の坂本政道さんと親しいのですが、月刊『ザ・フナイ』の今年（二〇〇九年）三月号誌上で、坂本さんと対談をしました。これは「これからの地球人」という題で、だれにでもよく分ります。その一部をここで転載します。まず、これをお読みください。

＊

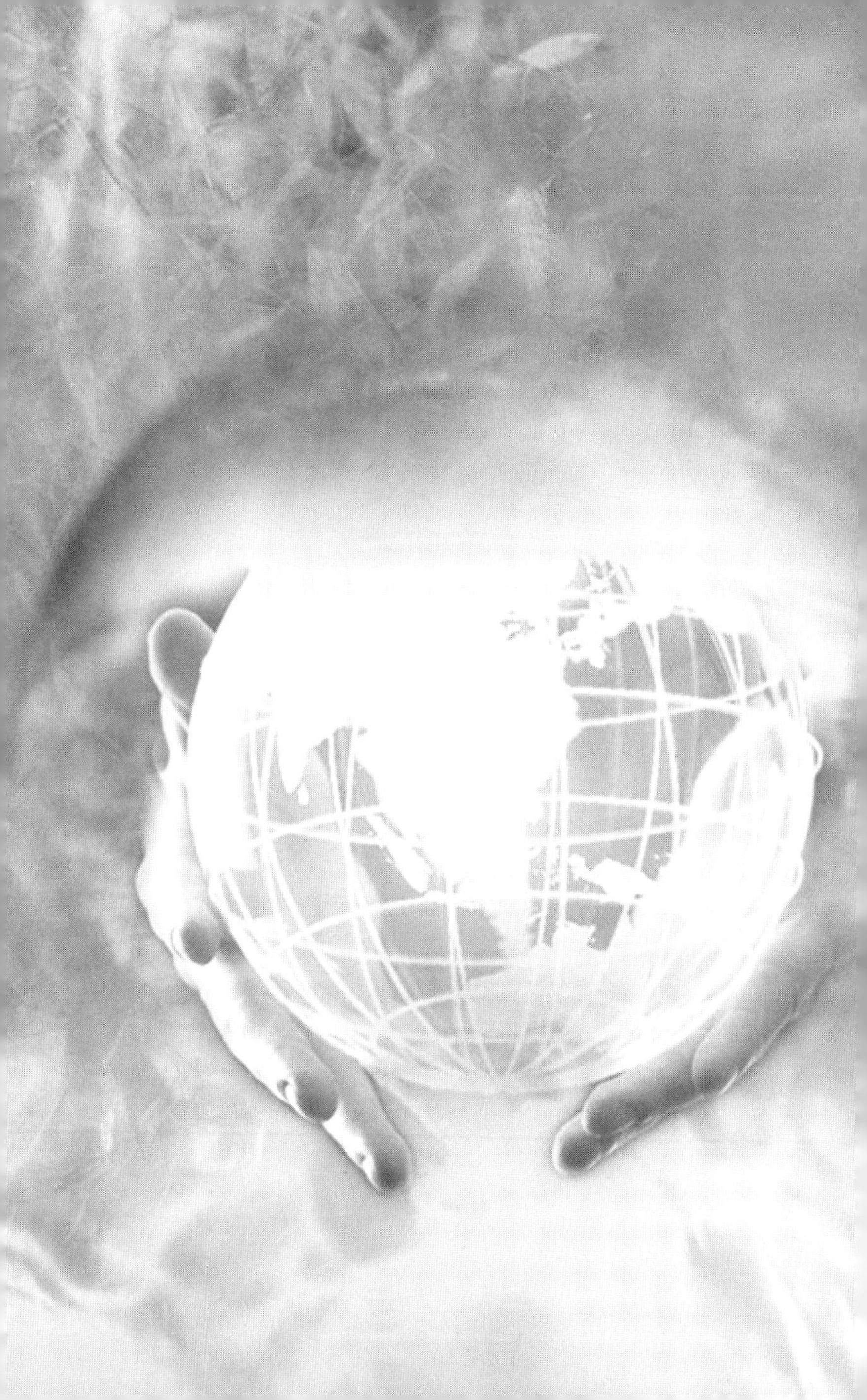

TOP対談
No.18

㈱アクアヴィジョン・アカデミー代表取締役
モンロー研究所レジデンシャル・トレーナー

坂本政道

×

本誌主幹

船井幸雄

私たちが日常生活を送っているこの物理次元とは異なる世界を、探索することは可能なのでしょうか?

ヘミシンクという音響技術を使って脳波をコントロールし、安全に意識のみを肉体から離脱させて異次元レベルを探索し、そこで得られた情報を持ち帰って、今後の地球のゆくえを論じている方がいらっしゃいます。

坂本政道さんは、ヘミシンクを開発したロバート・モンロー(1915〜95)の著書『体外への旅』を読んだ後、偶然にもあるとき、肉体は部屋にいながらにして意識のみが体外に出て、外にいる息子の様子を見る、という体験をされました。それをきっかけにモンロー研究所で本格的に意識の探究を始められ、ご自身の探索に基づいた情報を発信しながら、ヘミシンクを使った体験の指導もなさっています。

その坂本さんから、最新の情報をお伺いしました。

これからの地球人

坂本政道（さかもと　まさみち）
1954（昭和29）年生まれ。東京大学理学部物理学科卒業後、カナダトロント大学電子工学科修士課程終了。その後、ソニー㈱にて半導体素子の開発、およびアメリカ・カリフォルニア州にある光通信用半導体素子メーカーSDL社にて半導体レーザーの開発に従事する。2000年5月、変性意識状態の研究に専念するために退社。2005年2月、ヘミシンク普及のため、㈱アクアヴィジョン・アカデミーを設立。著書に『体外離脱体験』（たま出版）、『死後体験Ⅳ　2012人類大転換』（ハート出版）、『人は、はるか銀河を越えて』（講談社インターナショナル）、『楽園実現か天変地異か　2012年に何が起こるか』（アメーバーブックス新社・幻冬舎）など多数。
ホームページ：www.geocities.jp/taidatsu / www.aqu-aca.com

船井　坂本さんは、東大理学部で物理学を学ばれた後、ソニー㈱などで半導体レーザーの開発に十数年間携わってきた、いわば物理学分野のプロですね。
　一方、アメリカのモンロー研究所（※1）で、ヘミシンク（※2）を使った体外離脱（※3）や変性意識状態を探究されてきました。そのときの体脱体験から得られたさまざまな情報は、たいへん論理的でわかりやすい。昨年2008年5月に出された『楽園実現か天変地異か』（アメーバブックス新社・幻冬舎発売）は、特に参考になりました。
　最近では、バシャール（※4）とも対談され、いろいろなことがわかってきたようですね。今日はその辺のお話も聞けるのでは、と楽しみにしていました。
坂本　モンロー研でいろんなフォーカス（※5）に行ったときに、フォーカス35（地球圏外からやってきた存在が集まっているところ）以上の存在と話をすることが多いのですが、上のほうの存在も、必ずしも同じ意見を持っているとは限らないのです。

私の情報源はいくつかありまして、いわゆる急進派（急激なショックを与えて地球人の進化を促そうとするグループ）と、今のシステムをソフトランディングさせて、より進んだ世界に穏やかに移行させようというグループがあり、意見が分かれているようなんですね。

モンロー研のプログラムでは、ヘミシンクによって上のフォーカスに行き、いろいろな存在たちが集まっているところでコミュニケーションをとります。たとえば「２０１２年はどうなりますか?」という質問を発すると、情報はテレパシーのような形で届きます。やってくる情報はもらった瞬間に理解できるのですが、それを言語化するのに苦労するときがありますね。「生命エネルギー」という言葉はその典型です。「生命エネルギー」を分解すると「無条件の愛、知性や神聖さ、喜び、ユーモアやウイット、感情や思考のエネルギー、知性や神聖さ、純粋無垢《むく》な好奇心」など、ひと言では言い表せないものです。

※1　**モンロー研究所**：ロバート モンロー（1915～1995　アメリカの超心理学者、変性意識状態・体外離脱体験の研究におけるパイオニア）が創設した研究所。

※2　**ヘミシンク**：ロバート・モンローによって研究開発されたオーディオ・ガイダンス・システム（音響技術）。左右の耳から波長がわずかに異なる音を聞くと右脳と左脳の脳波が同調する原理を利用して脳波を特定の状態へ導く技術。ヘミ＝半分、シンク＝同調の意で、「左右の脳半球の同調」という意味の造語であり、モンロー研の特許技術。ヘミシンクを聴く人の意識を、さまざまな状態へと安全に誘導することができる。

※3　**体外離脱**：自分の肉体から抜け出す感覚の体験のこと。

※4　**バシャール**：1986年に初来日したアメリカ人ダリル・アンカがチャネリング（高次の存在などからの情報を特異能力によって受信・交信）する存在。地球より進化の進んだ惑星エササニの存在といわれる。「ワクワクすることをやりなさい」というメッセージとともに、宇宙の仕組みや現実創造に関する情報を提供している。

※5　**フォーカス**：ロバート・モンローは、いろいろな意識状態を表すのに、フォーカス・レベルという概念を導入した。意識が物質世界にある状態のフォーカス（F）1から始まって、F23～27は、いわゆる死後の世界。F35が地球生命系から卒業できるレベル。数字が大きくなるにつれ、太陽系、銀河系、……と無限に続いていく。

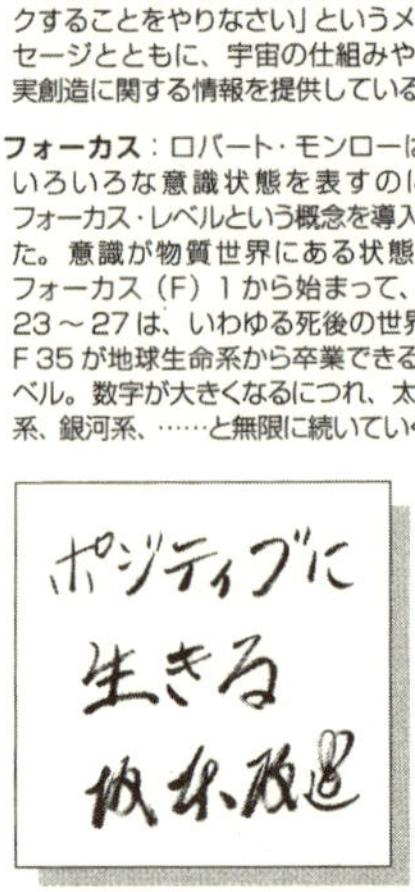

私の場合、使命としてそういう情報を流す役割がどうも与えられているようです。「論理的だからソースを発信するにはいいだろう」といった感じで、どうも上から使われている感じがします(笑)。

船井　坂本さんがキャッチしている情報は、とても納得できるし、しかも論理的でわかりやすい。私の到達した結論とも近いんです。私が信頼を置いている「日月神示」と共通する部分も多いので、たいへん参考になるんです。

坂本　日月神示の内容は、私がヘミシンクで見たり聞いたりしてきた情報とたしかに近いと思います。ただ昔風の言葉で語られているので、現代の言葉に合った科学的な言い方として発信する役割が、私には与えられているのでしょうね。

ヘミシンクのほかにもう一つ、やらなければいけないように感じるのは、ピラミッドを使った実験です。今より高い段階の覚醒《かくせい》をするために鍵を握るのが、どうもピラミッドらしいのです。もちろん、私がたまたまそれを研究しろといわれているだけであって、ほかにも方法はあるのでしょうが、私の場合はピラミッドを使った覚醒方法の研究を課されているように感じています。まだ実験段階で、発表できるものはないのですが……。

いろいろな方法を経て、ある一定数（バシャールによると、14万4000人）の人たちが覚醒できれば、よい地球の方向へ急速に動いていくのでしょうね。私もその一翼は担うのですが、そのようにいろんなプロセスを経て集まってきた人たちをまとめて牽引《けんいん》していくのが船井先生の役割なのでしょうね。

たとえばですが、「船井覚醒センター」というようなものがあればいいのにな……と考えることがあります(笑)。そこに行けば、いろんなやり方を選んで勉強できる。有意の人たちを集めて育てるためのセンターということで、面白いのではないかと思うんです(笑)。

もっとも、無理やりでなく、ひとりでにそういう流れになっていくのでしょうね。必要なものが必要なときに必要な形で出てくるというのが、ポジティヴの考え方ですので、あまりその辺は心配していないのです。

ポジティヴとネガティヴ

船井　今は故人になられましたが、東京工大出身で波動の研究者でもあり、私と親しかった中根《なかね》滋《しげる》さんと2年間くらい、ある実験をしたことがありました。それは、「天の理《り》」（宇宙のルール）と「地の理《り》」（地球のルール）の違いを調べるために、あらかじめ、いくつもの項目をお互いに出し合って質問表を作ったんです。それをフーチ（※6）で二人が別々に調べてみよう、という実験でした。中根さんは、隕石《いんせき》で作ったフーチと地球の石で作ったフーチ、同じものを二つずつ作り、私に渡してくれました。中根さんも私もフーチの達人だったからです。

それぞれに調べたフーチの結果をあとで突き合わせてみたところ、なんとほとんど同じ結果が出ていたのでびっくりしました。それに基づいてわかったことが、「天の理」は「単純、効率的、公平、自由、自己責任・自主的、公開、万能」などであり、地球だけで通用する「地の理」が「複雑、非効率的、差別、束縛、無責任、秘密、セグメント（区分）化」などのルールだったのです。

　この地の理を何とかして上手に解消したい、地球でも天の理がゆきわたるようにしたい、というのが私の願いでもあるのです。

坂本　地の理を解消しようとしなくても、ひとりでに解消してしまうのではありませんか？　そこに努力を払うより、天の理に移そうとする努力をされたほうがいいのではないかという気がしますね。

　天の理と地の理の話は、バシャールの話と似てい

※6　**フーチ**：振り子の一種。目に見えない気のエネルギーを測定する道具。

ます。天の理が「ポジティヴ」(肯定的)に、地の理が「ネガティヴ」(否定的)に対応します。ネガティヴなエネルギーは、差別的でセグメント化し、力が分散して弱くなるのですが、ポジティヴなエネルギーは公平・自由・万能化で、エネルギーが集合するので強くなるのです。

ポジティヴな選択肢

坂本　ネガティヴからポジティヴへの移行は、実はもうだいぶ進んでいるのでは？　と思われます。たとえば今、世界中で資本主義の問題点が噴出し、資本主義がゆきづまっていますね。

ところで、その先にくるシステムとは、どういうものなのでしょうか？

船井　その答えは、今のところ二つ挙げられます。

一つは、田原澄《たはらすみ》さんが1960年代から本に出して世に問うようになった「ザ・コスモロジー」(宇宙学)のなかに出てくる優良星人の暮らしぶりです。15年前の1994年に私が出した『未来へのヒント』(サンマーク出版)には、その暮らしぶりを詳細に記載しました。たとえば次のような文章です。

「彼らの世界は恒久平和と共にあり。全体が完全なる一個の生命体のごとく、ことごとく愛と調和に満たされん。……人々はただ和気藹々《わきあいあい》と暮らすがゆえに、世を統治するものの必要性なく、支配者も被支配者もあらざるなり。人々はただ秩序整然たるがゆえに、許可・認可・諸制度の必要性なく、人間の自由を限定《かぎ》る一切のものなし。……彼らは宇宙の法則と共に生くるがゆえに、病を生ずる者一人としてなく、常住健康そのものなるがゆえに、医療・医薬の必要も無きなり。……」といった具合です。この「優良星人の暮らし」は何回も拙著《せっちょ》に載せて取り上げているんですが、なかなか伝わらないようです(笑)。

もう一つは、「日月神示」などのなかで今後、来《きた》るべき世界であると言われている「みろくの世」です。「……惜しみなく、くまなく与えて取らせよ、与えると弥栄《いやさか》えるぞ、……何もかもタダぢゃ、何もかも与え放しぢゃ、……余るほど与えてみなされ、……」といった世の中です。

　ところで、「地球人たちよりもっと進化した上のほうの世界にいて、地球人の行動を見守っている存在たちの一部は、今の矛盾だらけの地球をハードランディングさせたがっている（地球的な天変地異などを起こして一挙に新しい世界に移行させたがっている）のに、船井さん、あなたがソフトランディングさせようとして、止めている。人間の代表として一生懸命、大規模な天変地異が起ころうとするのを止めているのが船井さんである」と、ある人から言われましたが……私はそれは知りません（笑）。その説では、天変地異が起ころうとするのを止めてしまうと、エネルギーが滞ってなかなか先に進まないから止めるな、ということでした。

日月神示によると、「イシヤ」という言葉で象徴的に書かれている勢力、地の理を率先して実行しているような勢力と対抗するのではなく、「善悪抱き参らせる」ことが決め手になるそうです。「……悪は改心早いぞ、悪神も助けならんぞ、霊から改心させならんぞ、善も悪も一つぢゃ、……」と書かれてあります。

坂本　バシャールが特に強調していたのは、ネガティヴなほうに自分の焦点を合わせないように、ということでした。ネガティヴなほうに焦点を合わせていると、どうしてもネガティヴなものと共振・共鳴が起こってしまうんです。

　それに対して、ポジティヴなほうに焦点を合わせている人は、ポジティヴな状況が自動的にあらわれてくる。ポジティヴな世界もネガティヴな世界も、パラレルで（並行して）存在する。どちらかの世界になるわけでなく、それぞれ自分が焦点を合わせた世界が自分の周囲に現出してくるのですね。

＊

文中に出てくるバシャールと坂本さんの対談本が、前述の『人類、その起源と未来、バシャール×坂本政道』（二〇〇九年五月、ヴォイス刊）です。同書では「ポジティブとネガティブ」について、つぎのように、坂本さんが聞き、バシャールが答えています。

これだけでは分りにくいので、より深く知りたい人は、同書をお読みください（なお私は、バシャールの意見を一〇〇％納得しているわけではありません。分らないことも多くありますが、彼はよいこともたくさん言っています。そのよいと思えることを、とりあえず私も実践することにしました）。以下、坂本バシャール本から一部転載します。

＊

坂本　ではさらに、ポジティブ、ネガティブがどういう意味なのか。目覚めている、覚醒しているとはどういうことなのか。これらについて聞かせてください。

バシャール　ポジティブなエネルギーとは、結びつける、統合していくはたらきのあるエネルギーで、拡大していく力があります。ネガティブなエネルギーとは、バラバラにする、分断していくエネルギーで、一つひとつ個別に孤立させていくはたらきがあります。

これは何も価値判断をしているわけではありません。個人の中に存在しているエネルギーの種類のメカニズムをただ観察しているのです。

つまり、調和的であるのか、非調和的であるのか、どちらかだという意味です。

その人の真実の自己とつながっているのか、それとも真実の自己から外《はず》れているのか。

喜びを土台にしているのか、それとも怖れを土台にしているのか。

これでポジティブとネガティブの説明になっていますか。

坂本　はい。ただ、もう少し具体的に言うと、ネガティブといった場合、たとえば、怒りや欲、欲がらみの感情、そういったものを指すんですか。

バシャール　それらは怖れから来るものです。そして、分離から来ています。

ですから、おっしゃるとおり、先ほどお話ししたネガティブなメカニズムをもったエネルギーですね。つながりを断つエネルギーです。

人が怒りを感じる理由はただひとつ、自分がサポートされていない、愛されていないと感じるからです。

そして、人が欲張りになる理由はただひとつ、自分には充分にないと怖れているからです。

怖れ、怒り、憎しみ、強欲などの感情があるのは、その人の真実の芯《コア》の部分とひとつにつながっていないネガティブな信念体系があるからです。

目が覚めている、覚醒しているとは、その人の真実の本質と整合している、もしくは、少なくとも整合しようとする意欲がある、ということです。

自分の情熱、ワクワクする気持ちを行動に移すことを選択している、ということ。

目覚めていない、眠っているとは、そうしないことを選択している、ということです。

答えになっていますか。

坂本　はい。情熱やワクワクについては改めてお聞きしたいと思いますので、その前の信念ですが、恐怖に依存した怒り、これは地球生命系が生みだしたものだと考えられますよね。どうですか。

バシャール　地球のシステムがそれをつくっているわけではありません。

信念体系は選択によってつくられています。

そして、地球のシステムでは、選択肢としてネガティブな信念体系かポジティブな信念体系かがあるなかで、地球がもつその性質のために、ポジティブな信念体系よりもネガティブな信念体系を選択しやすいのです。

しかし、地球のシステムがつくっているわけではありません。


このように説明しましょう。

地球のシステムでは、物質的現実の密度のせいで、みなさんは「自分が自分の現実を創造しているのだ」ということを忘れやすいのです。

物質次元の密度が忘れさせているわけではありませんが、密度の濃さによってそのことを忘れがちである、ということです。

たとえば、誰かにある信念を提示されたとき、それが本当の自分自身とは整合性がなかったとしても、地球の振動数の中ではその信念が真実であるかのように受け入れてしまい、それが真実ではないことを忘れがちだ、ということです。


しかしながら、みなさんは今、意識的にみずからの意識の中をどんどん探究し、また、探究している人々が増えつづけていますので、今まで以上に自分が誰なのかを忘れにくくなっています。

あるいは、ポジティブな言い方をしてみるなら、目を覚まそうという意欲があるときには、本当の自分が何者であるのかを思い出しやすくなる、ということです。

そして、信念体系が本当の自分自身と整合性があるのかないのかを見きわめやすくなりますので、自分自身の好きな信念体系を受け入れることができるのです。わかりますか。

*

このくらいで転載を終ります。これでほぼお分りでしょう。

これからの地球人、われわれの考え方は急速にポジティブ型になっていくように思えるのです。なぜなら、それが正しい方向であり時流だからです。

ただし、いままでの支配階級のように、生れつきのネガティブ型の人々が、ポジティブ型に急に変るのは、むつかしいかもしれません。

とはいえ、これからはネガティブ型、マイナス発想型、地の理型の時代でなくなることだけは、はっきりしています。

要は、すなおで、勉強好きで、働き好きで、プラス発想をし、すべてを肯定して、人を認め、長所を活かし、世のため、人のために尽くす時代になるでしょう。これは時流でもあるのです。

ネガティブ型人間の方には、これらのことを知り、できるだけ早くポジティブ型に変られるように、努力をお願いしたいのです。

私もネガティブ型からポジティブ型へと変った人間です。私ができるくらいですから、だれでも大丈夫だと思います。

第五章

九九％以上の確率で、近々資本主義は崩壊するだろう。しかし第三次世界大戦はおこらないだろう

少なくとも、最近の何千年か、地球上では人類は「地の理」に支配されてきました。しかし、そんな時でも「天の理」にしたがえば、「地の理」の掟を破ることはできたもようです。いまでは完全に、「天の理」にしたがうことによって地の理のルールは破れます。うれしい時代になったものです。

日月神示に書かれていることは、どうやら正しいようだ

今回「聖書の暗号」を知って、私が大きなヒントを得ましたのは「日月神示に書かれていることは、ほとんど正しいようだ」と示唆を受けたことと、私自身は「中村天風さん（本名、中村三郎さん、一八七六年＝明治九年、七月三〇日生れ、一九六八年＝昭和四三年、一二月一日、享年九二歳で帰霊）の生きざまを学び直し、そのよいところを実践するべきだ」と教えられたことです。

ともに、私に詳しく「聖書の暗号」の手ほどきをしてくれたIさんのおかげです。彼は「聖書の暗号」に出てくる私の魂の仲間たち、いわゆる累魂（集合魂）や同魂の存在と、それがだれであるかを具体的に教えてくれたのです。私はふだんから、それらの存在に惹

かれていましたし、同質性を感じていたので、それらの人々の名前を教えられ「聖書の暗号」のメッセージを確認し、びっくりしましたが、実によいヒントになりました。

ともあれ、そのおかげで、より親しみを持ったのが「日月神示」です。「日月神示」につきましては、私とは特に縁があるようです。これは、画家の岡本天明さんに一九四四年（昭和一九年）の六月一〇日から、一九六一年（昭和三六年）までの間に「天之日津久の神」などが神がかって、天明さんの自動書記という形をとって下ろされた神示です。私は岡本天明さんの奥さんをよく知っていますし、「日月神示」研究者の中矢伸一さんとも親しいので、昔からそれなりに「日月神示」には興味がありました。ただ、「この神示は本物だ」と思って真剣に勉強しはじめたのは、ここ三年間くらいのことです。書かれていることが現実に当っているのにびっくりしました。

月刊『ザ・フナイ』では、二〇〇七年一〇月号の創刊号から中矢さんに「昭和に降りた大天啓」という題名で、「日月神示」についての連載をしてもらっています。

以下に紹介しますのは、その創刊号の中矢さんの原稿の一部です。まず、ぜひこれだけは読んで知っておいてほしいのです。

＊

昭和に降りた大天啓〈1〉

「日月神示」出現の真相に迫る

中矢伸一

中矢伸一（なかや しんいち）
1961年生まれ。3年間に及ぶ米国留学生活を通じ、日本と日本民族の特異性を自覚。帰国後、神道系の歴史、宗教、思想などについて独自に研究を重ねる。1991年『日月神示』（徳間書店）を刊行。以後、関連した著作を相次いで世に送り出す。これまでに刊行した著作は30冊以上。現在、著書執筆の傍ら「日本弥栄の会」を主宰。月刊『たまゆら』を発行している。
ホームページ www.nihoniyasaka.com

「日月神示」とは何か

戦況が悪化の一途をたどり、敗戦の色が次第に濃厚になっていた昭和十九年六月。

千葉県印旛《いんば》郡台方（現・成田市台方）に鎮座するまがた麻賀多《まがた》神社の境内末社、天之日津久《あめのひつく》神社に参拝した岡本天明《おかもとてんめい》（本名・信之《のぶゆき》）の身に、突如として異変が起こり、自分の意思に反して何か文字のようなものを書かされる、という不思議な出来事が起きた。後年、「日月神示《ひつきしんじ》」「ひふみ神示」「一二三《ひふみ》」と呼ばれる天啓の発祥である。

心霊学で言うところの〝自動書記〟現象であったが、当初は天明自身もさっぱり読むことができず、放っておいたという。やがて仲間の霊能者や神霊研究家など有志が集まって解読を進めるうち、そこに示された驚愕の全貌が明らかになっていく。

当時、日本は神国なりと固く信じていた軍人も多く、この神示の存在も噂で広がり、一時は陸軍内でも孔版《こうはん》刷りにしたものが回し読みされていた。神示の中には、日本は今回の戦争には敗れるであろうこと、その後に復興を遂げるであろうことが明確に示されており、終戦の際には、この神示を読んで自殺を思いとどまった者も少なくなかったという。

画家として類《たぐい》まれな才能を持ち、同時に優れた霊能者であり、卓越した古神道研究家でもあった岡本天明は、昭和三十八年、六十七歳でこの世を去っている。

全三十七巻・補巻一巻から成る日月神示は、天明没後、一部の神秘愛好家の間で読まれるに過ぎなかったが、一九九〇年代に入ってから次第に世間から注目を集め始めた。そこには、たしかに日本が戦後に復興を遂げると示されていたが、やがてまた同じことを繰り返すとも記されていた。

日本は今度こそ二度と立ち上がれないと誰もが思うところまで落とされるが、その時に陰に隠れていたマコトの「神」が表に現われ、かつてないスケールの大激変を通じてこの世の「悪」が清算され、万《ばん》有和楽《ゆうわらく》（あらゆる存在がともに和し楽しむこと）の理想的世界「みろくの世」が顕現すると記されている。

その試練を乗り越えるために、人類はまず身魂（みたま）を磨かねばならない、と神示は告げているのだ。

大本教の流れを汲む日月神示

「みろくの世」に至るこの大まかな流れは、かつて大本教《おおもと》（正しくは「大本」といい、〝教〟はつけない）の出口《でぐち》なお開祖に降りた『大本神諭《しんゆ》』、通称「お筆先《ふでさき》」に出された内容にそっくりである。

無学で貧しく、文字さえろくに読めなかった出口なおに憑《か》かった〝神〟は、「艮《うしとら》の金神《こんじん》」を名乗った。その正体を「国常立尊《くにとこたちのみこと》」と見分けたのが、後になおの下に馳《は》せ参じてともに大本発展のために力を尽くす上田喜三郎《うえだきさぶろう》、後の出口王仁三郎《でぐちおにさぶろう》である。

明治、大正、昭和にかけて一世を風靡《ふうび》した大本と出口王仁三郎の社会的影響力は甚大であった。脅威を感じた当局は、大正十年と昭和十年の二度にわたり、徹底的な弾圧を行っている。とくに昭和十年の弾圧は、第二次大本弾圧事件と呼ばれ、日本の近代宗教史上特筆すべき、国家権力による最大・最悪の弾圧であった。

当時は大本でも、不穏な世情とも相まって、人類の大峠（大変動）が差し迫っていることが声高《こわだか》に叫ばれ、「みろくの世」の実現は近いと信じられた。だが、結果的には「みろくの世」など来ず、予言は幻想に過ぎなかったと思われた。

しかし後になって、出口王仁三郎は大本を通じて世界大改造の「型」を演じていたことがわかり、その役は見事に果たされたことが明らかになってきた。プロトタイプとして出された立て替え・立て直しの「型」が、日本へ、そして世界へと広がり、最終的にはこの世が「みろくの世」へとひっくり返るのだという。

大本では「型」を演じることが当時の使命であった。そして、その役を出口王仁三郎が完遂したまさに翌年の昭和十九年に、日月神示の伝達が始まるのである。

岡本天明は、大本とも浅からぬ縁があった。大正時代に大本が買収した「大正日日新聞《たいしょうにちにち》」では、社会部所属の記者として入社している。そして社内においてその霊的能力をメキメキ開花させていった。

第一次弾圧事件が起こると、天明も職を追われるが、やがて大本二代・出口すみ（王仁三郎の妻）の娘婿《むすめむこ》（後の三代・出口直日《なおひ》の夫）であった出口日《ひ》出麿《でまる》の推挙を得て、大本の機関紙「人類愛善《じんるいあいぜん》新聞」の編集長に就任する。

天明は文才もあり、教主・王仁三郎よりたびたび代筆も頼まれた。「出口瑞月《ずいげつ》」の名で掲載された論稿の中には、天明が書いたものがかなり混じっているという。

そして、第二次弾圧事件が起きると天明はふたたび職を失うが、東京に居た時に人に頼まれ、千駄ヶ谷の鳩森八幡《はとのもりはちまん》神社で代理神主をしていた。天明が、まるで何かに誘《いざな》われるかのように印旛の麻賀多《まかた》神社を訪れたのは、この時であった。

一時は大本と深い縁があった岡本天明であるが、この時大本とは無関係になっていた。

昭和十九年六月十日、参拝を終えた天明が社務所で休んでいると、突然に右手の血管が怒張し、自らの意思に反して文字のようなものを書かされた。以来、この不思議な文書は天明がこの世を去る二年前の、昭和三十六年まで断続的に書記されていくのである。

日月神示に示されている内容とは？

日月神示の原文は、大変特異な文体をしている。ほとんど一から十、百、千、卍（万）といった漢数字と、カナの組み合わせから成り、や◎などの記号めいたものも多く含まれていて、素人《しろうと》目にはとても判読はできない。

先に述べたように、実際天明自身も当初はまったく読むことができなかったが、やがて仲間の手を借りつつ平易文に訳す作業が行われた。中には「地震の巻」のように、何かを表す抽象的な絵もしくは図形のみで示されているものもあり、どのようにしてこれが訳せたのか不明だが、とりあえず日月神示全文の訳は、天明の時代に終わっている（天明はこれを「第一仮訳」と読んでいる）。

ちなみに、大本の出口なお開祖に降りた『大本神論』の原文はほとんどが平仮名《ひらがな》で構成されているが、日月神示の原文は大半が数字で書かれており、抽象度がさらに高いものとなっている。

解読されたその内容は、人が真に幸福になるための生き方、病気の治し方や開運の方法、宇宙論に霊界の実相、この世を陰から支配する「イシヤ」と呼ばれる勢力のこと、そして、近未来に起こる世界的大変動の予言、その後に顕現する「みろくの世」の姿などが、時に具体的に、時に抽象的に描かれている。

また、日月神示において特徴的なのは、神示自ら「この神示《ふで》は八通りに読める」としているように、読み手によって感じ方や捉え方が異なることである。たんなる「予言書」として読めばそのようにも読めるし、人生の指南書としても受け止められる。病《や》まず弱らずの真の健康体を得るための「養生訓」として読むこともできる。古神道の謎を解明するためのヒントも含まれており、専門家が読まないとわからない部分も多くある。

しかし、日月神示を貫く主旨としては、何と言っても「この世の大変革が近づいたことに対する警告」であろう。なぜこの世が行き詰まっていくのか、そして、どうすれば本当の恒久的平和と繁栄がこの世に実現するのか、ということが明確に示されている。

否《いな》、神示によれば、本当の恒久的平和と繁栄の世、いわゆる「みろくの世」は、神定《しんてい》の理《り》として顕現することは決まっているのである。ただ、神界ではすでに決まっていて準備は出来ていても、地上現界のわれわれ人間側の準備が出来ていない。そこで、「備えをせよ」ということと、「身魂《みたま》を磨け」という言葉がくどいほど出されているのだ。

なぜなら、神に任せておけば神がすべて上手くやってくれるというものではなく、この世の改革はあくまで神と人とが一体となって行われるものだからである。

姿形なき〝神〟は、人間を使役してこの世に関与し給《たま》う。そのためには、神と人とが一体になれるように、言葉を換えれば、神が人に〝憑《か》かりやすく〟するために、「身魂を磨いておきなさい」というわけなのである。

身魂が本当に磨けてさえいれば、病気や貧困や争いごとなどの不幸現象とも縁がなくなり、とくに難しいことを考えなくても、物質的にも精神的にも幸福になり、無理なく大変動の波を乗り越えて、「みろくの世」の住人となれる。

いわば、そのための〝道しるべ〟として、神縁の深い岡本天明に降ろされたのが「日月神示」であると言えるだろう。

＊

なお「日月神示」の内容を、もっとも簡単に、しかも正しく知るためには、中矢伸一さんの著書『〔魂の叡知〕日月神示　完全ガイド&ナビゲーション』（二〇〇五年六月、徳間書店刊）を一冊だけお読みになれば、ほぼ分ると思います。この本以外には、岡本天明著『ひふみ神示』（二〇〇一年七月、太陽出版発売）が参考になるでしょう。知れば知るほど味の出てくる神示です。

ぜひ、各自で勉強してみてください。

天風先生から直接指導を受けた二人の親友

つぎに、中村天風先生のことにペンを進めます。

私は天風先生にお目にかかったことはありません。ただし、天風先生から直接、指導を受けた二人の親友がいました。

一人は「百貨店経営の神さま」と言われた山中鏆さんです。松屋や東武百貨店の社長を歴任した彼は、私のもっとも気の合う親友でした。後の一人は、「そごう百貨店の良心」と言われた上原國男さんで、そごう美術館の館長などで大活躍した文化人ですが、彼もまた山中さん同様、天風先生の愛弟子で、真に私を導いてくれた友でした。残念ながらお二人とも故人となられました。

このお二人からは、天風先生のことを、実に深く聞かされ、教えられました。いろんな著作もいただきました。そのため、それなりに私も勉強しました。

お二人からは「船井先生は、天風先生そっくりだ。考え方も生き方もよく似ていますよ」と言われ、一九八〇年代から私も天風先生の大ファンになりました。そのため、天風先生のことはよく知っているつもりだったのです。

ところが、今年（二〇〇九年）になってIさんからヒントをもらい、天風先生の著述などに接し直しました。その結果、まったくと言っていいほど、天風先生の考え方や生き方を勘ちがいしていたことに気づいたのです。

二〇〇七年三月に体調を崩すまで、生れてから超健康体で病気知らずだった私は、大病をされ、回復されたが故の天風先生のことを、ほとんど分っていませんでした。

一九九七年三月から二年有余、そしていまもまだ、私の体調は完全ではありません。それだけに、今度は天風先生の考え方や生きざまが、実によく分りました。病気のつらさ、不安さが天風先生のことを分らせてくれたのです。

いうならば、天風先生は大病になり、死の苦しみと不安を経験されたが故に、師であるカリアッパさんというヨーガの達人の教えが分り、それを聞き受け入れ、守り、完全な「天の理」にしたがった生き方ができるようになられた人のように思うのです。

そして「天の理」に沿った生き方を実践され、健康を回復され、人間として最高とも言える生きざまをしながら、それを人さまにも説かれた人だ……ということが、分ってきたのです。

いやなことは忘れ、明るく積極的に前向きに

天風先生のことを再認識できたおかげで、私は、いま病気の「つらさ」と「不安」を忘れられそうになりつつあります。とりあえず、それらを気にしないことにしました。

また徐々にですが、「天の理」にしたがった生き方ができそうな気がしてきました。

と言いますのは、天風先生を識《し》りますと、病気の「つらさ」や「不安」を忘れ、「天の理」にしたがうと、病気も退散するように思えて仕方がないからです。

しかもそのほうが、生きるのが楽です。

さらに私の友人には、不治と言われたガンを完全に克服した人が何人もいます。寺山心一翁さんや住吉克明さんなどですが、その他にもガンではなくとも、名医が首をかしげ、

これはどうにもならないと宣告された難病を完治させた知人が、何人もいます。考えてみれば、彼らはみんな「天の理的な生き方」をしてきた人たちばかりです。みな、いやなことは忘れ、明るく積極的に前向きに、人生をたのしんでいます。

このように、昔から「天の理」にしたがうと、「地の理」はいつでも完全に破れたのだな……と思いますし、これからは「地の理」が消えて行くのですから、こんなすばらしいことはないと喜んでいます。私も健康を回復しそうです。

ともかく、天風先生やカリアッパ師は、「天の理」にしたがって生きたからか、多くの不思議なことができたようです。

特に「動物を思いのままに操ったり……というか、動物と一体化できた人々」というのが、多くの人々が、天風先生などにもっともびっくりしたことのようですが、これらにつきましてはたくさんの証言が残っています。記述もあります。詳しくは、財団法人天風会（TEL　〇三・三九四三・一六〇一）にお問い合せください。

天風先生につきましては数多くの著述があるので、ぜひ何冊かお読みください。

朝晩に誦えるとよい三つの誦句

ここで、私のもっとも好きな「天風哲学」の一端を披露しておきます。
それは三つの誦句です。朝晩に誦えるとよいようです。

＊

一、理想の誦句

人の生命は　常に見えざる宇宙霊の力に包まれて居る。
従つて　宇宙霊のもつ万能の力もまた、我生命の中に当然存在して居るのである。
故に　如何なる場合にも　また如何なる事にも、怖れることなく　また失望する必要はない。
否　この真理と事実とを絶対に信じ、恒《つね》に高潔《こうけつ》なる理想を心に抱くことに努めよう。
さすれば　宇宙真理の当然の帰結《きけつ》として、必ずや完全なる人生が作為される。
今茲《いまここ》にこの天理を自覚した私は、何という恵まれた人間であろう。
否　真実　至幸至福というべきである。
従つて　只この上は、無限の感謝をもつてこの真理の中に安住するのみである。

二、一念不動の誦句

私は　私の求むる処のものを、最も正しい事柄の中に定めよう。そしてそれをどんな事があつても、動かざること山の如き盤石《ばんじゃく》の信念と、脈々として流れ尽きざるあの長い川の如く、一貫不断《いっかんふだん》の熱烈なる誠をもつて、その事柄の実現するまで些《いささ》かも変更することなしに、日々　刻々　ハッキリと心の中に怠りなく連想して行こう。丁度　客観的に看察するが如くに……

私は最早《もはや》　消極的の思想や観念や又は暗示に感じない。またそうしたものは私を動かすことは出来ない。私は断然そうしたものより、より以上のものである。私は最早あらゆる人生の中の　弱さと小ささとを踏み越えて居る。

そして　私の心は今絶対に積極である。

おゝそうだ、私の心は勇気と信念とで満ち満ちて居る。従つて私の考え　私の言葉、それは何れも颯爽《さっそう》として　いつも正義である。

だから　私には人生のあらゆる場面に奮闘《ふんとう》し得《う》る　強い強い力が溢《あふ》れて居るのだ。

そして私の人生はどんな人の世の荒波に脅《おびや》かされても、あの大岩の上に屹然《きつぜん》として立つ燈台《とうだい》のように、平静と　沈着と　平和と　光明とに　輝やき閃《ひら》めいて居るのだ。

三、修道大悟の誦句

そもさん　吾等かりそめにも天地の因縁に恵まれて、万物の霊長たる人間としてこの大宇宙の中に生れし以上、先ず第一に知らねばならぬことは、人生に絡まり存在する幽玄微《ゆうげんび》妙《みょう》なる宇宙真理なり。

誠やこの自覚を正しく厳《おごそ》かになし得《え》なば、敢て求めずとてもその身を健《すこ》やかに、その運命を和《なご》やかにするを得《え》ん。これぞ正に千古昭《せんこしょう》として耽存する尊厳侵《おか》すべからざる人生の鉄則にして、また神ながらに定められたる動かすべからざるの天理なり。しかも心より喜ばんかな、吾等今や正に雀躍する感激に咽《むせ》びつつこの妙諦《みょうてい》とその手段とを知れり。あゝこの幸い　この恵み！　そも何をもつてかたとえん。

顧《かえり》みれば、転々として人生の悶えと悩みに苦しみしこと幾年月《いくとしつき》!!　今やわれ茲《ここ》に豁然《かつぜん》として無明の迷いより覚め、自覚更生《こうせい》の大道に入るの関門に立ち、心眼既《すで》に開けて行手に栄光燎乱《りょうらん》たる人生を望み得し今日、吾が心はただひたすらに言い能わざるの　限りなき欣びに勇みたつ。

然《しか》り!!　世の人々のすべてのすべて、よしや富貴栄達名門名誉の人と雖《いえど》も、所詮《しょせん》味わい得ぬこの欣びとこの感激!!

誠!!　恵まれたる吾よと思えば、などかこの尊き因縁をとこしえに忘れ能うべき。されば堅く我と吾が心にこの欣びとこの幸いとを根強く植えつけて、一意専心、黽勉《びんべん》努力、実《じっ》践躬行《せんきゅうこう》、ふたたび人生無自覚の過《あやま》ちを繰り返さざらんがために、厳《おごそ》かに反省の鞭《むち》を手にし、ひたむきに向上の一路へと颯爽《さっそう》と邁進し、吾等の住むこの世界に誠と愛と平和に活きんとする人の数を多からしむるべく吾先《ま》ずその模範の人とならんことを、自《みずか》ら　自らの心に厳《げん》として誓わん。

＊

資本主義を維持しようとして、より崩壊を早めている

紙数の関係で、この辺で本書の結論に入りましょう。

まず、本書の主題である「二つの真実」のことを、もう一度思い出してください。

一つめは、「人類の歴史はもとより、われわれ個々人の生涯につきましても、生没の年月日を含めて、その生起することの九九・九％以上は何千年も前から決められていた」ということです。しかしこれらに対しては「天の理」のルールにしたがったほうに変更し、われわれもそのような生き方をし、思考すれば、よいように変られると思われますから、

今後は参考にしてもとらわれる必要はないと思います。

そこで二つめの真実です。「何千年も前から決められていたことが、最近のことですが、案外簡単に改善できるようになった。よいほう、正しいほう、いわゆる天の理にしたがったほうに変えられるようだ。しかも人間の思いと行動によって変えられるようになった」ということです。

いまからのポイントは、この二つめの真実にあると言えます。

今後のことは、すべてこれに当てはめて考えればよいからです。

すると、本書の第四章で説明しましたように、「天の理」にことごとく方向性が反する資本主義は、「聖書の暗号」に書かれているように、どうしても崩壊せざるを得ないということになります。

事実、いま世界中のリーダーが資本主義を維持しようとして、より崩壊を早めているとすら言えます。株価が戻り、一時的に景気がよくなったように見えることもありますが、それは「拡大する偽りのユーフォーリア（幸福感）」であり、もうどうにもならない…と言えそうです。

一方、第三次世界大戦がおこることは、それ自体が「天の理」に反することです。「地の理的発想」が、まだいまの人間世界のリーダーたちには色濃く残っていますので、大戦争がおきないとは断言できませんが、第三次世界大戦をおこさないために、人類に「聖書の暗号」が与えられたのであり、最近、その内容が公開されたとも考えられるくらいです。世の中の急速な変化や人類のポジティブ的な人たちの目覚め方から考えて、多分、第三次世界大戦はおこらないだろう…と、いま、希望的に言いたいのです。

たぶん、この予測は当ると思います。戦争などというバカげたことをおこしてはなりません。そのために、読者の皆さまに大いに期待しております。いよいよ最終章の六章へとペンを進めます。

第六章

今後、正しく上手に生き、「よい世の中」を創るために

私は長年経営コンサルタントを業として来ました。その経験上からはっきり言えることは、「すべての存在はその長所を活かし、伸ばし、活用すると、上手に社会に適応できる」ということです。逆に短所を是正しようとすると、決してよい結果になりません。その点では「天の理」が正しく、「地の理」はまちがいでした。これは世界中で通じる原則でした。本章ではこのような体験から、本書の結論的なものを導きたいと思っています。

1. 人は霊長類の一種ではなく、まったく別の種

人間には、他の動物とちがう多くの特性があります。

長所の第一は、すばらしい知力という人間独特の能力があることで、それは活用すればするだけ増加しますし、頭もよくなるということのようです。

理性や良心も、知性とともに、人間にのみある長所のように思います。

逆に体力や腕力は、人間以外の動物に比べると決して優れているとは言えないようです。

これらから、人は知性、理性、良心……そして人間の究極の能力と言われている、最高の智力である直感力や想造力を伸ばしたり、それらを活かして「世のため、人のために奉

仕するべきだ」と結論づけていいと思います。

ここで、人間が他の霊長類と比べましてもどんなに異なる種であるかを、少し紹介しておきます。これらは、友人のエハン・デラヴィさんが教えてくれたのですが、たしかに納得させられることばかりです。「なるほど」とびっくりすることも多くありました。

これらから、われわれいわゆる近代人は霊長類の一種でなく、まったく別の種だと思います。霊長類から進化して、人という種になったという説は、疑問に感じます。

近代人は独特の存在として、それなりの必要性があってこの世に生み出されたものでしょう。まず、人（近代人）と霊長類の相違点を知ってください。

【人と霊長類の決定的な違い】

骨…人骨は霊長類の骨に比べるとはるかに軽いのです。近代人の骨はネアンデルタールに至るあらゆる先行人類の骨と比べても、はるかに軽いといえます。我々の祖先とされている先行人の骨は、霊長類の骨により似ていますが、近代人の骨はまったく違います。

筋肉…人間の筋肉は霊長類と比較すると著しく弱いのです。人間はどんな霊長類に比べても筋力が五分の一から一〇分の一です。ペットの猿と比べてもその違いは明らかにわかるでしょう。

皮膚…人の皮膚は、地球を照らす太陽光線に対して適していないようです。太陽光線に適応するために皮膚表面でメラニン色素を増大させられるのは人では黒人だけです。それ以外のすべての人種は、衣服で覆うか日陰に頻繁に入るしかないのです。

体毛…霊長類が太陽光線に直接当たっても大丈夫なのは、頭から足先まで毛で覆われているからです。一方、人間は、全体を毛で覆われていません。

脂肪…人間は霊長類と比べて、皮下脂肪が一〇倍近く多いのです。また、人間の皮下脂肪は、かつてあったと思われている体毛を補うものではありません。水中の生物なら皮下脂肪が水を遮断するので意味がありますが、大気中に住んでいる我々にとって皮下脂肪は不必要ともいえます。

髪の毛…すべての霊長類の頭の毛は、ある長さまで伸びると伸びが止まってしまいます。ところが人間の髪の毛は伸びつづけるのです、これは原始時代から生きるためには不必要なものでした。そのためやむを得ず、石の鋭い薄片などの道具を使って髪の毛を切る習慣が生まれたのです。

手足の爪…髪の毛と同様に、人間の爪は常に切らなければならないのです。ところがすべての霊長類の手足の爪は、ある長さまで伸びると止まるので切る必要がありません。これも人が道具を原始時代から必要としたひとつの原因となっています。

頭蓋骨…人間の頭蓋骨は、霊長類の頭蓋骨とまったく違う形をしています。人間の頭蓋骨の形や組み合わさり方は、他の動物と比較できないのです。根本的に異なっています。

脳…ここで人間の脳を比較しますと、霊長類とは基盤的に大幅に異なっています。どちらが高度で進化しているかといった質問は不公平だけでなく、ナンセンスです。霊長類は彼らなりに生きていくには十分な脳を持っており、それ以上の脳は必要としていないようです。

発声…霊長類の喉と比べて、人間の咽頭は完全にデザインし直されています。人間の喉は霊長類と比べて下のほうの位置にあるので、霊長類の典型的な発声音をさらに細かく、いくつもの段階に変えられるように調節できます。

性…霊長類の雌には発情期があり、その時期だけ性的に受容性があります。人間の女性には霊長類のような発情期はまったくなく、性に対して常に受容的になれます。

染色体…染色体にはもっとも不可解な違いがあります。霊長類には四八個の染色体があり、人間には四六の染色体があります。人間は霊長類よりもっと広い領域において優れていると考えられていますが、それではなぜ、人間のほうが霊長類の染色体より数が少ないのでしょうか？　霊長類から進化したのであれば、なぜ、その途上で人間は二つの（一対の）染色体を失くしたのかという疑問が生じます。

その二つの染色体に含まれているＤＮＡは、なかでも一番特殊であり、非常に膨大な量の情報を含んでいると思われますが、人類のほうがさらに高度な進化を遂げたのはなぜでしょう。しかしそれにしても染色体の数についてはまったく理屈に合わないことです。

どうやら人は、生まれながらにして独特の存在であるようです。それだけに他の動物と比べますと際だった長所と短所があります。

正しく上手に生きるに適している＝長所伸展をして活用しやすい存在が、人だと言ってもいいようなのです。

それからは、「頭をうんと使い知性を増加させ、知性、良心、理性、直感力、想造力を伸ばし、活かし、世のため人のためになることをし、ならないことをしないことが、近代人の正しい生き方だ」という答えが出てきます。分りやすいですね。

そうであるならば、本書で述べた「二つの真実」中、特に「二つめの真実」を上手に活かすのが、今後、人間にとってもっとも大事だと言えそうです。

2. プラズマ宇宙論と地底世界の実在を伝える二三枚のカード

「聖書の暗号」には、ユダヤ人（イスラエル人）とともに日本人のことが、よく出てきます。これはどういうことなのでしょうか？

私は、マンガ家で、自らをサイエンス・エンターテイナーと称しており、多くの著作のある飛鳥昭雄さんとは、生れた場所が隣り町であったり、彼が私の出身高校（大阪府立河南高校）の後輩であったりした関係で、親しく付きあっています。というより、独特の調査・分析能力を持つ彼から、いろいろ教えてもらっているのです。彼には知的な面で、大いにお世話になっています。

彼の著作で、どうしても本書の読者に奨めたい本が何冊かあります。その中で「聖書の暗号」に関係していると思えるもので、絶対に読んでほしいのは、つぎの二冊です。

一冊は『完全ファイル　UFO&プラズマ兵器』（二〇〇六年八月、徳間書店刊）です。この本は大著ですが、特に第四部の「エイリアン＝イスラエルの失なわれた一〇支族の地球帰還」は、必読に値する文章です。それを分りやすく私流に解説しましたのが、二〇〇七年三月に中丸薫さんと共著で徳間書店から出しました『いま二人が伝えたい大切なこと』です。そこでは、「極小から極大を貫く最先端のプラズマ宇宙論と地底世界の実在を伝える二三枚の船井カード」という題名で、以下の二三項目のことをかなり分りやすく書きました。

船井カード①　飛鳥昭雄さんの情報源「M‐ファイル」と「J‐ファイル」のレポートがすごい

船井カード②　飛鳥さんが極秘資料を渡された経緯
船井カード③　ロズウェル事件から六〇年、宇宙人のことを少し本気で考えてみたい
船井カード④　エイリアンは日本人だった……の驚天動地の報告がもたらすもの
船井カード⑤　ロズウェルのエイリアンに日本人と共通する遺伝子「ＹＡＰ因子」が見つかっていたという報告
船井カード⑥　宇宙人の姿の典型「グレイ」の正体は、意外なものだった！
船井カード⑦　エイリアンは地球内部から飛来してきた⁉
船井カード⑧　失われたイスラエル一〇支族の行方が、日本と地球内部の二つにあった⁉
船井カード⑨　失われた一〇支族が住まう場所の名は「アルザル」！
船井カード⑩　地球内部世界アルザルを見聞して報告したパイロットがいた！
船井カード⑪　プラズマが生み出す亜空間世界に紛れ込んだのではないか？
船井カード⑫　地球内部天体というべき場所を写真撮影していた‼
船井カード⑬　今世紀最大の謎のひとつ、フィラデルフィア事件は亜空間の実在を示唆する！
船井カード⑭　亜空間の実在というものに、現実味が出てきた！
船井カード⑮　オーロラとプラズマ、それが亜空間でつくり出す原理なのかもしれない⁉

船井カード⑯　プラズマには、幽霊のように物体を透過する特性があった!!
船井カード⑰　プラズマ溶接の革新的技術も亜空間への道を拓いている!!
船井カード⑱　ハチソン効果は、フィラデルフィア実験の怪奇現象と同じものか？
船井カード⑲　学校は本当のことばかり教えてくれない（神坂新太郎さん証言①）
船井カード⑳　銀河運動装置で死んだ金魚を蘇生させる！
船井カード㉑　UFO・プラズマは満州国で一九四二年に完成していた！（神坂新太郎さん証言②）
船井カード㉒　アルザル人が再び地上に舞い降りる日は近い
船井カード㉓　悟りを開くと恐ろしいほどの霊力が発揮できる

飛鳥さんの大著を読めない人も、この拙著の「二三カード」のところは簡単にまとめていますので、これだけでも、ぜひお読みください。多分、びっくりされると思います。そうしますと、イスラエル人と日本人、そしてアルザル人（地底に住むという非常に進化した人類）のことが、真偽は別にして大要はお分りになると思います。これらは無視できないことだと思えますので拙著内であえて紹介しました。

あと一冊、飛鳥昭雄、三神たける共著の『失われた古代ユダヤ王朝「大和」の謎』（二〇〇六年一一月、学習研究社刊）も参考になります。これはだれでも理解できます。ともかく日本人とユダヤ人（イスラエル人）には、人種的に深い関係のある可能性が高いように思われます。

私は、かつて太田龍さんとの共著『日本人が知らない「人類支配者」の正体』で、「日本人の特性」などについて、つぎのような一文を書きました。

日本人が中心となり、「百匹目の猿現象」をおこせば良い未来をつくれる確率は高い

日本人というのは特殊な人種で、YAP（－《マイナス》）という遺伝子を持っているだけでなく、いくつかの他の民族にはみられない特徴を持っています。普通は人類学的にみると、日本民族は朝鮮半島を経由して入ってきた人たちと、南から来た人たちの寄せ集めの民族だと考えられています。しかし、日本人はつぎのような特性を持っています。

①原爆の洗礼を受けたにもかかわらず、抗議しない。復讐も考えていない。
②戦争放棄の平和憲法を持った。

③古い魂を持っている（ケンカ、賭け事などが下手。恨みを忘れたがる）
④右脳型である。母音言語を持っている。
⑤自然と溶け込める能力がある。
⑥死ねばすべてを許す。故人を仏にしてしまう。
⑦阪神・淡路大震災のときのように、災害時に絶妙な助け合いをする。
⑧アルザル人と同じＹＡＰ（－）という遺伝子を持つ。
⑨与え好き、脅さない、自虐的である。
⑩約束を守る気質を持つ。
⑪保守的、長いものに巻かれろ型である。

このような特殊な能力を持つ日本人が、いま世の中でおこっているさまざまな真実を知って、そのうえでよい世の中を創ろうと感じて、そういう人が五、六千人でも一カ所に集まって思考、行動を一つにすると、いわゆる「百匹目の猿現象」がおこるでしょう。そうすればよい未来ができ、地球も地球人も優良化できると思うのです。

＊

ところで、「百匹目の猿現象」について、少し述べます。これは大事なことなので、本書の読者はすでにご存知だと思いますが、あえて説明します。

一九九六年六月にサンマーク出版から発刊した拙著に『百匹目の猿』があります。また二〇〇六年五月、同じくサンマーク出版から出した『「百匹目の猿現象」を起こそう!』もあります。そこで、後著の「プロローグ」をここで紹介します。

「百匹目の猿現象」のことだけは、どうしても知ってほしいからです。

＊

私が「百匹目の猿現象」ということを皆さんに話すようになって十年くらいがたちます。きわめて重要で普遍的な原理だと考えた私は、私たちも猿に学ぼう、学ぶだけでなく、私たち自身がそれぞれ一匹の賢い猿となって、この百匹目の猿現象をおこそうと呼びかけてきました。

百匹目の猿現象とは何か——。
ある島に生息する猿の群れのうちの一匹が、ある日、餌《えさ》のイモを川の水で洗って食べることを始めました。すると、ほかの多くの猿たちも、それを真似して同じ行動をとるようになりましたが、その数がしだいに増えて一定量にまで達したとき、ふしぎなことが起こりました。

その現象を知るよしもない、遠く離れたほかの土地や島の猿たちもまた、つぎつぎにイモを水洗いして食べる行動をとりはじめたのです。

つまり最初の一匹が始めた、一つの賢い行動が集団のなかに広がって、群れ全体の新しい知恵や行動形態として定着したとき、その行動は――まるで秘密の合図でもあったかのように――時間や空間を超えてあちこちに飛び火し、仲間のなかに同時多発的に伝わり、広がっていったのです。

今から五十年ほど前、九州・宮崎県の幸島にすむ猿たちから見られた現象であり、現在では「百匹目の猿現象」として広く認知されている、生物の持つ神秘的なまでにふしぎなメカニズムです。

すなわち猿たちが教えてくれるように、よい行い、よい思いは時間や空間を超えて、周囲に広く伝わり、多くの人の思考や行動も正しい方向へと導く。どこかでだれかが、何かいいことを始めると、それを真似する人がつぎつぎにあらわれて、ついには社会全体に浸透していく。

だから、私たち一人ひとりがみずから率先して、よい思い、正しい行いを実践していこう。そうして社会や世界を変える起点となろう。

そう私が声をあげたのには理由がありました。現在の社会の仕組みや価値観を変えない限り、人間や人間の住む地球環境が急速に悪化し、人類が滅んでしまう運命にあるようにも考えられるからです。

たとえば、地球温暖化による森林の減少や砂漠化の進行、食糧やエネルギー不足。それらを加速させる、大量消費を是とし、競争を善とする資本主義の行きづまり。エゴや欲望をむき出しにして、他人を蹴《け》落としながらひたすら勝ち組をめざすような、とげとげしく殺伐とした社会――。そのうえ、人口は増えつづけています。

私たちの社会は今、出口の見えない袋小路にあり、地球や人類は破滅の瀬戸際に立たされています。これを変えるのに、大上段に構えた大思想はむしろ無力です。

それより必要なのは、私たち一人ひとりの気づきや目覚め、行動や実践です。文明は森を砂漠に変える手段だという言葉がありますが、その砂漠を再び森へとよみがえらせるためには、一本の木を植えることから始めなくてはなりません。

その一本の樹木を一人ひとりが植えるべく行動を起こそう。それぞれが五十年前の幸島の一匹の猿となって率先してイモ洗いをしよう。

私はそう呼びかけるとともに、僭越《せんえつ》ながら、この百匹目の猿現象を人間社会に起こすことを、自分の使命と考え、この十年、先頭で旗を振ってきたつもりです。猿たちが教えてくれたように、よい思い、正しい行い、すぐれたものには、多くの人に伝わり、広がり、変えていく力があります。

その正しいこと、よいことがさらに多くの人や社会に波及し、社会や地球がもっとよい方向へと変わっていくために、一人ひとりが一匹の猿となり、一粒の実となろう。そんな思いが一人でも多くの人の心に響くことを願ってやみません。

二〇〇六年三月二十五日

船井幸雄

＊

この本は、いま売れっ子マンガ家の赤池キョウコさんによる、マンガつきのたのしくて分りやすい本です。ページ数も二〇〇ページ弱です。読みやすいのでぜひご一読ください。そして、ぜひ「百匹目の猿現象」を皆さんにもおこしてほしいのです。

日本人が持つ一〇の特性

本題に戻ります。私は世界中に友人がいます。何十年も世界中を旅行していろいろ知りました。

その結果、やはり日本人は独特の特性を持っている人種だと思うようになったのです。

それは、つぎのような特性です。

①日本人は、他人の気持ちを察することのできる非常に珍しい特性を持っています。

②また、日本人の自然観は独特です。自然と一体化することを善とする珍しい人種です。

③さらに日本人はおだやかで、国民全体が親切です。世界で一番安全な社会を創りました。また、多分いまでも世界一の平等な国でしょう。しかも共産国家ではありません。

④日本語は主語がなくても通じます。日本人は、自分を主張することや争いが好きではありません。というより下手です。それを誇りに思っています。これも、まったく珍しい特性です。

⑤日本人の美意識は独特だと思います。わび、さび、あわれ……などの美意識は、日本人以外にはまったく理解できないのではないでしょうか。

⑥日本人は「あいまいさ」を何よりも生き方の基本においています。また面と向って、他人を批判したり悪口は言いたがりません。珍しい人種です。

⑦日本人は自己責任型です。言葉も受け身語が多いのです。人をそんなに深く恨みません。

⑧多くの変化があった中で、日本人は常に天皇を特別視して尊敬してきました。これは世界のどこにもないことです。ともかく国民が見事に一体化しています。

⑨一般に日本人は勉強好きで働き好きです。そしてそれらを美徳とします。遊び好きな人を決して高く評価しません。株、為替、デリバティブなどでもうけるのも評価しません。
⑩多くの日本人は、おだやかで平和が好きで、争いが嫌いです。死を美化しますし、恥の文化があります。卑怯者呼ばわりされるのをもっとも嫌います。細かいところによく気がつく整理好きな人たちです。それらが、環境と教育・訓練によって、前大戦時における特攻兵を産み出したのだと私は思っていますが、これらは外国人には、なかなか理解してもらえないことでした。

百匹目の猿現象は、経営の世界で顕著な効果が出てきた

以上、思いつくままに一〇項目を述べました。まだまだ特性はあると思いますが、これらをまとめますと、日本人は第五章で「天の理」と書いた一三の方向性を、世界一多く持つ人種ということになると思います。

もう一度、単純化、万能化、公開化、自由化、効率化、ポジティブ化、安心・安定化、平和化、互助協調和、自他同然化、長所伸展化、公平化・平等化、自己責任化と挙げて検討してみますと、これらを善とするし、しかも非常に「天の理」に近い志向性を、すでに

持っていることが分ります。

だからこの特性を活かして、世のため、人のため、世界のために尽くし、「百匹目の猿現象」を日本人からおこせる可能性は高いと言えそうです。

そして、これらはすでに一九八〇年代から政治や経済よりも、より人間的な「経営の世界」で顕著な効果が出ました。一九八〇年代の日本の成長の起因は、ここにあったのだと思います。

だから日本の企業経営には、これらを逆転させるようなグローバリズム（地の理的経営）は成り立たなかったのです。いま、政治や経済の世界でも、日本ではこのような傾向が現われようとしつつある、と思えてならないのです。アングロサクソン方式では今後の日本には合わないでしょう。

われわれはこれから日本人として、自信を持って日本人的に生きればよいのだ……と強く読者に言っておきたいと思います。

3．よいと思うことや自分にできることから実践するのがベスト（「日月神示」の訓え）

これからは人間として正しく生きればいいのだ……と思います。私観ですがそのためには、日本人はまず「日月神示」の教えを研究して、よいと思うことや自分にできることから実践するのがベストだと言えそうです。そのことは「聖書の暗号」で知ったのですが、「日月神示」は非常に「天の理」的なのです。いわゆる「天の理」にしたがえばいいのだと思います。

私の知っている限り、それらはつぎのようなことになります。これは「日月神示」の訓《おし》えの私なりの簡略説明です。

宇宙を友として「天の理」に従って生きれば、どんな逆境も上手に乗り切れます。これだけを実践すればいいと思うのです。なぜなら、

一　そうすると、たのしく働き、たのしく学べる。
二　また、つまらない欲がなくなる。
三　さらに、必要なお金や物は集ってくる。
四　すべては、自分の責任であることが理解でき、日常生活を大事にするようになる。
五　「命がけ」で取り組めるものが見つかり使命も分り、使命をたのしんで果せるようになる。

六　「清富」の生き方ができる。

七　すべてを肯定して感謝して包みこめる。そうすると敵も反省して味方になる。「闇の勢力」も味方にできる。

八　正しく生きて、真の神と自分とのつながりを太くできる。

九　「この世」と「あの世」は一体。われわれは両方に生きている。正しく生きれば、「あの世」のことも正しく分る。「日月神示」にも詳しく書いてある。神・宇宙・霊界は光そのものであり、すべては大歓喜である。安心して正しく生きればよい。

十　人間にとっては「この世」にいる時が、人間性を向上させる絶好のチャンスである。積極的に前向きに、たのしんで生きよう。「天の理」にしたがえばできる。

十一　嬉し嬉しで、わくわくして「ミロクの世」を迎えよう。もうすぐ「ミロクの世」になる。それは、すでに決まっていることなのだ。安心できる。

十二　最短時間で、苦労なく「ミロクの世」を迎えるために、してはいけないこと（①自分本位のこと、②「地の理的」なこと）などは、できるだけ慎んでほしい。慎めるようになれる。

以上のように思うのですが、「天の理」的な生き方の実践は、そんなにむつかしくないと思います。

ともかく、上手に「日月神示」を読み理解して、「天の理」にしたがって正しく生きていくと、それで充分だと思います。

その際、くれぐれも「マイナス発想」というか「ネガティブ発想」をしないように、「日月神示」とお付きあいいただくのが、大事なポイントと言えそうです。

なぜなら同神示は、読む人の心と読み方によって、何とおりにでも読むことができる特性を持っている神示だからです。ぜひ、プラス発想でお読みください。

4 何十回も読んだ本が三冊ある

いろいろ述べましたが、これからはまちがいなく「天の理」の時代になると思います。いままでとは一八〇度と言っていいほど、「世の中」が変りそうです。とはいえ、いままでの「地の理」の時代に、すでに「天の理」にしたがって、すばらしい人生を送られた人がたくさんいらっしゃいます。

その中で、自分に近い人、興味を惹かれる人の本などを読み、あらためてこれからの生き方の確信を持つことが、各自にとって大事なことだと思います。

少し私事を書きます。私は乱読家です。多くの本を読みました。いまも余暇時間があると興味のある本を読んでいます。とはいえ、一冊の本を何回も読むことは、ほとんどない人間です。

ただこのような私が何十回も読んだ本が、いままでに三冊あるのです。

一冊は『ヒマラヤ聖者の生活探究』（ベアード・ポールディング著、仲里誠吉訳、一九六九年、霞ヶ関書房刊）です。仲里さんが親友だったこともありますが、ヒマラヤ聖者たちの「天の理的生き方」と超能力に惹かれて読んだのです。ここに書かれているのは「真実らしい」と思っています。その内容には「びっくり」させられますが、参考になることが多い本です。

つぎの一冊は『あるヨギの自叙伝』（パラマハンサ・ヨガナンダ著、一九八三年、森北出版刊）です。これは実録の書ですから内容は真実でしょう。人間の能力のすばらしさに興味があり、何回も読んだのです。

前述の『ヒマラヤ聖者の生活探究』を真実らしいと思ったのは、このパラマハンサ・ヨガナンダの書のおかげです。とはいえ半分はまだ（？）です。

三冊めは日本人のことについて書かれた本です。『日本の光（弁栄上人伝）』（田中木叉著、一九二六年刊）で、（財）光明修養会から出ている本です。聖者と言われた弁栄上人は安政六年（一八五九年）生れですが、その生涯を詳しく記された同書は「天の理的生き方の手引書」とも言えます。数々の上人の奇跡も、同書を読むと分る気がします。

いつまでも若々しく生きよう

最近もう一冊、繰り返し読む本が増えました。

それは、われわれ現代日本人にとって、もっとも分りやすい人であると思える中村天風先生の各著述書です。

天風会刊の堀尾正樹編の『天風瞑想録』や沢井淳弘編著の『心を空にする』をはじめ、おおいみつる著の『ヨーガに生きる―中村天風とカリアッパ師の歩み』（一九八八年　春秋社刊）。そして、天風述の『成功の実現』『盛大な人生』『心に成功の炎を』『いつまでも若々しく生きる』（いずれも日本経営合理化協会、出版局刊）などが私の必読書に加わりました。多分、これからまだ何回も読むでしょう。

読者の皆さんも、天風先生につきましては以上の中の一、二冊をお読みになるだけで、晩年の天風先生が「日月神示」の訓えと、ほとんど同じような発言をしていること、そしてそれらを実行し、自ら大病を治癒し、元気にたのしく人生を謳花されていたことがお分りになると思います。

その実例としまして、右記『いつまでも若々しく生きる』の中の天風先生の講話から、もっとも分りやすい話を一つだけ紹介したいと思います（以下に転載いたします）。

*

人間には自然治癒力がある

私は、この自然治癒力の存在を知らなかったとき、一遍びっくりしたことがあるんだよ。まだこういうことを始める前、とあることから、岐阜の山奥の水車小屋の番人の娘が、どうにも具合が悪いってんで、診《み》に行ったときの話だ。岐阜に住んでた私の甥《おい》が一緒だった。掘っ立て小屋の中に入って、ヒョイと見たら、真性チフス、すぐわかりますよ。

「苦しいかい」って言ったら、

「何だか知らんが、体、焼かれるように熱いだ」と、こう言うからね、

「熱が高いなあ。何か食べたいか」

「何にも食べたくねえだ。ただ、もう、のどが渇くだでなあ」

「うん、そうか」

田舎者ですからね、何の病か私に聞きません。あなた方だというとね、診察がまだ終わらねえうちに聞きますよ、「先生、何でしょう」。「何でしょう」と聞いたときに、医者が「これこれ、しかじか」と言ったら、「あ、そうですか、じゃあ自分で治します」と言うかい？　聞いて、くその役にも立たねえことを、都会の人はすぐ聞きたがる。医者の講釈を聞いたってわかりもしねえくせにね、薄っぺらな知識ですぐ聞きたがる。「船に乗ったら船頭まかせ、病にかかったら医者まかせ」というんでなきゃいけないんだけど、なかなか任せきれませんわ。

そのとき、容態を聞くてえと、苦しい、食べたくない、体が焼かれるようだ…と、真性チフスの典型的な症状だ。おばあさんに…娘のおっかさんのことだけども…病がうつって、娘と道連れ。二人で苦しんでいる。ちょうど幸《さいわ》い完全に隔離されてる山の水車小屋だ。

「まあね、のんきにしてろ。風邪ひき、こじらせたんだよ」

チフスなんて言って、何も驚かす必要ないからね、

「食べたくなるまで、食べずにいるんだな。非常に食べたくなっても、急いで食べなさんな。十日も十五日も食わずにいるときに、急に食うとな、それでまた腹痛起こしたりなんかして苦しむでな。ボッチラボッチラと食べるようにして…。

おばあさんもな、どうすることもできやしねえんだからね、苦しがったら足ぐらいさすっ

てやってもいいけど、あまり体の上のほうに手をやらねえようにな。かえって、苦しくなるから。まあ、そんなことでいいだろう」

「どうもありがとうござんす。お世話さまで」

それからその小屋を出て、山の分かれ道のところで、思わず私はその小屋を振り返ったよ。「嫌《いや》な縁だなあ。これ今生《こんじょう》において、たったいま初めて会って、あの二人と、もうこれから永久に会えない。これが最後だ」と思ったね。思わず私、手を合わせたよ。安らかに、というようなつもりで。

それで、そのまま山から下へおりちゃって、「真性チフスだけど隔離したのと同じだから、あのままにしとけ。薬なんか、ありゃしねえ」…それで、東京に帰っちゃって、そのまま忘れちゃった。非常な美人なら覚えてるけど、中途半端な女というのは覚えてません、男は…アハハじゃないよ。あのねえ、非常な美人か、さもなきゃ非常なおかちめんこなら覚えてる。中途半端な人は、忘れちまう。

小屋に行ったのが、たしか、夏がチョイと過ぎたぐらいのとき、八月ごろだったかなあ。十二月になるとね、岐阜から女の名前でもって栗と松茸を送ってきた。そうしたら女房がクスクス笑いながら、

「あなた、岐阜で女の人と友達になった？」って言うから、

「いいや。なぜ?」

「いいわよ。松茸と栗がきてるわよ」

「ほう、どんな女の名前?」

「松岡コトと書いてある」

「知らねえね、おれ」

ほんとに知らないときには、女房だって、顔見りゃすぐわかります。ほんとに知らないと。男はね、知ってるときに、「知らねえね」と言っちゃいけねえぜ。女ってやつはね、テレパシーがそういうときだけは敏感に働くから。

私みたいに軍事探偵してて、すぐそこでもって、パッと転換することのできる者ならわからないけど、あなた方ならすぐわかっちゃう。だから、変なことをして帰りやがって、大変遅かったら、「部長に引っ張られちゃって、断るに断れなくて、重役会議」なんて、だめだ、そんなの。

開けてみたらね、栗だけは満足だけど、松茸は腐っちゃってる。いまみたいに速達便のなかったとき。まあとにかく、栗だけはちょうだいした。とにかく、そのおコトちゃんって誰なのか見当がつかない、忘れていたね。

正月の休みに、甥がきて、

「あのう、先月、栗と松茸届いたろ」と言うから、

「なんだ、おまえがよこしたんか。だめだ、女の名前なんかでよこしやがって」

「いや、女だよ」

「それ、ごらんなさい。どうしたの、その女の人」と、私の細君が言うんだ。

「おれ、おまえのところに行って、別に芸者も何にもあげねえじゃねえか」

「いや、山の水車小屋のあれだよ」

「えっ、あれ、助かった？」

「おう、あんたが、こんなもの風邪ひきこじらせたぐらいでもって、十日か二十日寝てりゃ治るといったが、やっぱり二十日でもって治っちゃった」

「両方とも？」

「両方ともって、片っ方のおばあさん、どうもありゃしねえ」

「ありゃりゃりゃ、あれ、おまえ、真性のチフス」

「だけどもね、あんたが真性のチフスっていうから、おれたちも用心したけど、あれ、チフスじゃなかったかもしれねえな。あんなに早く…」

「いや、チフスだよ。治っちゃって、証拠も何もねえから、しょうがねえけど、きっと体にブツブツがいくつもできてるに違えねえ」

「それは、できてる」

「そうかい、治っちゃったか」

「ピンピンしてるよ」

「ありゃりゃりゃ。豚が病にかかったと同じだな、あれ」

その時分には、そう思ってた。でも、そうじゃないんだ、安心しちゃったからなんだ。東京のえらい先生が来て、「なに、風邪ひきこじらせたぐらいのもんじゃろう。十日か二十日すりゃ…ぼちぼち養生していきな」って言うもんで、すっかり安心しちゃった。安心ぐらい強いものはない。自然治癒力がグーッと働いたからだ。一服の薬も飲みゃしねえもん。だから、病に一番必要なのは安心なんだ。


お医者さんたち、よく聞きなさい。医者が患者の前で、かりそめにもですよ、その病を気にかけるような態度をとるなんてことは、これはふらち千万だぜ。そりゃまあね、駆け引きの上からそうすることが必要な場合もあろう、貧乏してる医者だと。

*

以上のとおりですが、これは実によく分る話です。天風先生は、「考えても仕方のないこと、言っても聞く人にプラスにならないこと」は一切考えないことにしたもようですし、言わなかったようです。

これが「天の理」にしたがう、分りやすい一つのことだと思います。

5. 思ったことは実現させ得る可能性が高い

最後に、思いを実現させるための確信とイメージ化法について述べ、本書を終ることにしたいと思います。

イギリスの有名な作家であるジェームズ・アレンの著作に、"As a man Thinkth"があります。一九〇二年に書かれた名著です。何冊か日本語訳も出ていますので、一冊くらいは読者の皆さんもお読みではないかと思います。

この本は、世界中で、いまなお着実に売れ続けている驚異的なロングセラーで、この一〇〇年間に何千万冊も世に出て、人々に影響を与えた書と言われています。

ともかく「落ち込んだ時とか、夢を実現したい時」には、いつ読んでもよい本と言われています。

そこで具体的に「夢実現」の説明に入りましょう。「二つの真実」の二つめを思い出してください。「思ったことは実現させ得る可能性が高い」のです。まず「思う」ことです。

その方法を“As a man Thinkth”は教えてくれます。人は思ったようになれる可能性があるのです。逆に、思わないことはなかなか実現しないものですから、はっきりと実現させたいことを思いましょう。

天風先生も言っています。私もよく実行しました。「思いを実現したい時は、まずそれが実現するという確信を持つこと」です。とんでもないことでもいいのです。たとえば清田益章さんが私の目前で、スプーンの根っこを持ってスプーンに意識を集中させただけで、一〇〇本くらいは見事にスプーンの先っぽを折りました。多くの人が見ていました。彼はスプーンに物理的な力を一切加えておりません。その時だれでも「彼ができるのなら、自分にもできるはずだ」と思い、やってみて一回でき、その後何回かできるようになると、確信できます。繰り返している間に、その人はスプーン折りができる人になれます。

私の例を一つ挙げましょう。

私は時々「気の達人」などと言われます。それについて、外交評論家の岡崎久彦さんは、私との共著『気の力』（二〇〇六年六月、海竜社刊）の「あとがき」で、次のように書いています。

＊

出版社から『なぜ気功は効くのか』の続編を書け、と催促された。約束した記憶はどうもたしかではないのだが、何かのときに約束したらしい。といっても、もともと素人で、あれ以上書くこともない。

それで、その後気功をしながらいろいろ疑問に思ったことについて、誰かに教えを乞うことを考えた。

船井先生は、かつて私の目の前で、人を金縛りにしたり、船井先生の指示どおりに動かしたり、気を自由自在に操れる達人である。その後お話を伺ったり、時としてご馳走になったりしているうちに、この方は本物だという確信を持つに至って、教えを乞うことにした。

それがこの本である。まだまだ伺い足りないところは多々あるが、それでも今後一生思索しつづけるに足るだけの、種々の示唆はいただけたように思う。

＊

ここに書かれていることは事実ですが、そんなことは大したことではないのです。事実、岡崎さんの文のように私がその「気」になりますと、人さまが吹っ飛んだり、動けなくなったのです。しかしこれは、自慢したり、やって見せることではありません。確信が実現につながった例です。

このようなことのできる人を私は何人も知っています。それらの人の実技を見ていて

「自分もやりたいな、できるのではないかな」と思い、やってみました。もう何十年も前のことです。するとできたのです。はじめは何回もやりました。嬉しかったからです。再現性もあります。それが確信になり、いつでもできるようになった、というだけのことで、それができるようになってから、私は「気」の勉強を少しはしてみました。

天風先生は「たいら炭鉱で、意識でニワトリを動けなくしたら、荒くれ男どもがびっくりしたのか、私の言うことを聞くようになった」と書かれていたと思いますし、彼の先生であるカリアッパさんも、ハエを、思うだけで動けなくしたようです。これは、おおいみつる著『ヨーガに生きる』か、天風さんのいずれかの著述書に書かれていたように思います。

よい思いを持ち、よいことをどんどん実現させる時代へ

まあそんなことは、どうでもいいことです。

勉強でも訓練でもいいから、いずれかの方法で、まず実現させたいと思うことを思ってください。ついで、やってみたいことの確信を何とかして持つのです。それが第一歩です。

ジェームズ・アレンの言っていることや、世の中での願望実現法をまとめますと、まず

「思う」ついで「確信」です。そして今度は、確信したことが実現したことを、はっきりと頭の中でイメージ化します。このことを何回もやるといいのです。するとある時、そのイメージ化したことが実現する可能性があるのです（もちろん一〇〇％実現できるわけではありません）。

以上、「思いの実現化法」をやさしく述べてみました。お分りになったと思います。

私は、以上のような経緯で「気」を扱えるようになったのですが、大したことではありません。しかし「気」を使って、できることなら、よい世の中を創るのに役立たせたいと思っています。

「地の理」が支配していた時代は、以上の方法で、よいこと（「天の理」に合致すること）もよくないことも、実現することがあったと思います。それは「思いの力」の強さと「イメージ化の強さ」に比例したように思えます。

たとえば私の知人にも、この方法で、一流大学に合格したとか、すばらしい結婚相手を見つけた人は多いようです。この方法で私も大学を出ましたし、上場会社を創りました。効果はありました。

ただしこれからは、「天の理」にかなったことは実現しやすくなるでしょうが、「天の理」

に反することは実現がむつかしくなるでしょう。そういう時流になったということは、本書で述べました。

ぜひ「よい思いを持ち、実現を確信し、はっきりと実現した時のことをイメージ化し、よいことをどんどん実現させて行きましょう」と、読者の皆さんにお願いし、本書の本文を終ろうと思います。

「二つの真実」中、二つめの「われわれの思いでよい世の中を創れる時代が来た」ことを喜び、本文を終ります。

読者の皆さま方に期待しております。

あとがき

本書は今年（二〇〇九年）五月一日に「まえがき」を書きました。そして五月下旬から六月上旬に「本文」を書き、「あとがき」を、きょう書いています。

私は形式とか、こだわり、束縛が嫌いで、何かと制約のありそうな宗教的なものには、幼少時よりほとんど興味がなく、神道の祝詞はもとより、仏典も聖書も、ほとんど紐解いたことがありません。

それが「聖書の暗号」に惹かれ、本書のような著作を世に問うとは、今年二月上旬までは夢にも思ったことがありませんでした。われながらびっくりしています。「聖書の暗号」に惹かれたのは、本書内に記したとおり、私に「聖書の暗号」を詳しく解明して教えてくれたIさんのおかげです。

「聖書の暗号」が何よりも真実を示していることに、びっくりするとともに、ひどく感激したのです。それで、二十年来、私が持っていた多くの疑問が解決しました。特にIさんが「闇の存在」と言っている知的存在に、地球人類が何万年も支配されていたらしいということや、その闇の存在が地球域から去った……ということは、新鮮な驚きでした。

これらによりまして、われわれの未来に希望を持ちました。うれしいことです。

また、私にとっては常識でしたが、科学者や特定の宗教が認めようとしない「この世」と「あの世」の関係、輪廻転生のことなどにつきまして、確信を持って正しいことが確認できたのも、それらは「この世」に生きる人間にとって、もっとも大きな悩みの種と言ってよいものでしたから、「よかった」と思っています。

日本につきましても、日中戦争、パールハーバー、原爆投下や一連の大地震の真実が分ったように思います。9・11事件、エイズ、気象コントロール兵器などの現在の話題の諸問題についても、陰謀などとともに、私なりにかなり理解できました。

多分、これからの人類は、このような愚かなことをやらなくなるだろう……と思いますので、「聖書の暗号」の内容をそれなりに知って、「これでよかった」と思っています。ともあれ、私にとってすべて「必要、必然だった」ようです。

なお、これらの詳細につきましては、今年八月か九月にIさんが、イオン・アルゲインというペンネームで『「聖書の暗号」から知った真実』（仮題）というような題名で、著書を出すということなので、興味のある方は同書をご覧ください。

ところで、読者にお願いしたいのは、本書で強調しました「二つの真実」中、特に「二つめの真実」を活用して、みんなで「よい世の中」を創りましょう……ということです。よろしくお願いいたします。

本書を脱稿して、きょうまでの間に、私は三冊の興味ある本を読みました。これらも、ともに「必要、必然だった」ようです。

一冊は、呉善花著『日本の曖昧力』(二〇〇九年四月、ＰＨＰ研究所)です。著者の呉さんは韓国生れの評論家・文化学者で、現在、日本の大学教授です。実に客観的で名著です。この本一冊で日本人の特性、特に「良さ」がよく分ります。つぎの一冊は、ある出版社の社長から監訳と解説をしないかと預けられた『THE PROPHET』という一九二三年刊の英文で出版された本です。カリール・ジブランという一八八三年にレバノンで生れた作家の本で、二十カ国以上の国で二〇〇〇万人以上の人に読まれ、感激されたと言われている本です。私もアラブとアメリカの両方を詳しく知っている作家の人生観に、強く教えられました。それとともに、自然に恵まれた日本人の特性を深く考えさせられました。

「聖書の暗号」には、日本人のことが多く出てきます。この二冊はよい意味で、時が時だけに、私に日本人について多くのことを考えさせてくれました。

最後の一冊は、今年五月末に徳間書店から発刊されたばかりの『地球を滅ぼす人類最後の宗教、マネー／金融システムの闇の超起源』（R・D・ウィリング著、為清勝彦訳）です。著者は一九三五年生れのアメリカ人の経営コンサルタントで、昨年アメリカで出版されました。宗教論と陰謀論とシステム論で、マネーと金融の根源を分析した本と言えますが、「聖書の暗号」を知ったあとなので、興味深くは読みましたが、資本主義というか、現在までのエコノミック・スピリットの矛盾を強く感じました。やはりこれらは近々、崩壊しそうに思います。

またこの間、私は不思議な人（?）と言ってよい岡田多母さんと、読者の要望に応えて、月刊『ザ・フナイ』（今年の八月号に掲載用）の「トップ対談」を行いました。同誌の高岡編集長の司会で一時間半ほど話したのです。多母さんは私の古い友人で、「船井幸雄オープンワールド」の常連講師でした。

彼女は意識を集中すると、天地創造のはじめから、過去のことだけでなく未来も鮮明に分る能力を持っている（?）のではないかと思える不思議な人です。それは、彼女の主著である『愛しのテラへ』（一九九七年、風雲舎）と『ヘソの話』（二〇〇四年、風雲舎）を読めば、だれでもほぼ分ると思います。論理にまったく矛盾がないのです。両書を含めて私は彼女の発言が大好きで、彼女の言がまったく正しい可能性は高い……とも思っています。ともかく「世の中、いよいよ変りますね。よろしく」と、意味深長な言葉とともに、彼女は帰りました。

きょうは二〇〇九年六月一四日です。梅雨の一刻ですが、さわやかな一日です。昨日、きょうと本書の校正を兼ねて全文を読み返しました。ほぼ満足しました。私のホームページなどからかなり引用を行いましたが、本書は、久しぶりの完全書き下ろしの著書です。おかげで読みやすい本になったと思います。

なお、本書脱稿に当り、本書中に何度も記しましたIさんに心から感謝いたします。本書はIさんの貴重なアドバイスのおかげで世に出ると言えるからです。ありがとうございました。読者の皆さまとこれからの「世の中」に期待し、「あとがき」のペンをおきます。

二〇〇九年六月一四日

著者

<著者略歴>
船井幸雄（ふない・ゆきお）
1933年大阪府生まれ。1956年、京都大学農学部農林経済学科を卒業。産業心理研究所研究員、日本マネジメント協会経営指導部長、同理事などを経て、1970年に㈱日本マーケティングセンターを設立。1985年、同社を㈱船井総合研究所に社名変更。1988年、経営コンサルタント会社として世界ではじめて株式を上場（現在、同社は東証、大証の一部上場会社）。同社の社長、会長を経て、2003年に役員を退任。
現在は、㈱船井本社の会長であり、㈱船井総合研究所、㈱船井財産コンサルタンツ、㈱本物研究所、㈱船井メディアなどの最高顧問。グループ会社60余社の象徴的存在。経営コンサルタント、人生コンサルタントとして、第一線で活躍中。
著書に『超効率勉強法』『にんげん』（ビジネス社）、『学びのクセづけ』（海竜社）、『2009～2013　資本主義崩壊最終ラウンド』（徳間書店）、『2009年資本主義大崩壊！』（ダイヤモンド社）、『生きる!!』（あ・うん）など。共著に『人間力』（羽生善治氏と）、『日本人が知らない「人類支配者」の正体』（太田龍氏と）、『昭和史からの警告』（副島隆彦氏と）、『長所伸展の法則』（小山政彦氏と）などがある（共著はいずれもビジネス社）。

著者ウェブ　http://www.funaiyukio.com/

二つの真実

2009年7月17日　第1刷発行
2009年8月2日　第2刷発行

著　者　船井幸雄
発行者　鈴木健太郎
発行所　株式会社ビジネス社
〒105-0014　東京都港区芝3-4-11（芝シティビル）
電話　03(5444)4761　http://www.business-sha.co.jp

〈装丁〉八柳匡友
〈本文DTP〉創生社
本文印刷・製本／株式会社廣済堂
カバー印刷／近代美術株式会社
〈編集担当〉瀬知洋司　〈営業担当〉山口健志

ISBN978-4-8284-1514-7